국어 실력으로 이어지는 수(秀) 한자

3-4급 하

국어 실력으로 이어지는 수(秀) 한자: 3-4급 하

발행일   2019년 7월 30일

지은이   최동석
펴낸이   손형국
펴낸곳   (주)북랩
편집인   선일영   편집   오경진, 강대건, 최승헌, 최예은, 김경무
디자인   이현수, 김민하, 한수희, 김윤주, 허지혜   제작   박기성, 황동현, 구성우, 장홍석
마케팅   김회란, 박진관, 조하라, 장은별
출판등록   2004. 12. 1(제2012-000051호)
주소   서울시 금천구 가산디지털 1로 168, 우림라이온스밸리 B동 B113, 114호
홈페이지   www.book.co.kr
전화번호   (02) 2026-5777   팩스   (02) 2026-5747

ISBN   979-11-6299-629-4 04710 (종이책)   979-11-6299-630-0 05710 (전자책)
         979-11-6299-611-9 04710 (세트)

이 도서의 국립중앙도서관 출판예정도서목록(CIP)은 서지정보유통지원시스템 홈페이지(http://seoji.nl.go.kr)와
국가자료공동목록시스템(http://www.nl.go.kr/kolisnet)에서 이용하실 수 있습니다.
(CIP제어번호: CIP2019029609)

국어 실력으로
이어지는

秀 수
한자

최동석 지음

북랩 book Lab

3-4급
下

머리말

한자는 비단 한문을 잘 이해하기 위해서 익혀야 하는 글자가 아니다. 국어 어휘의 상당수가 한자어로 되어있는 현실을 직시한다면, 국어를 바르게 사용하기 위한 필수 과정이 한자를 익히는 과정이라 할 수 있다.

'약의 부작용'이라고 할 때 한글로만 적으면 정확한 의미가 와닿지 않아 '약의 잘못된 작용'으로 이해하기 쉽다. 하지만 '藥의 副作用'이라고 쓰면 '副(부)'자가 버금, 딸림의 의미로 금방 와닿아 약의 主作用(주작용) 외에 여러 부수적인 작용이라고 정확히 파악할 수 있다. 비아그라가 원래는 고혈압 치료제로 개발되었으나 副作用으로 발기부전치료제로 쓰이듯이 말이다.

또한 한자의 정확한 이해는 국어 생활을 더욱 풍부하게 해준다. 소식이라고 쓰면 단순히 적게 먹는 것으로 이해하기 쉬우나, 한자로 素食(소식)이라고 쓰면, '간소하게 먹는다'는 뜻으로도 쓸 수 있다. 이와 같이 한자의 사용은 국어 어휘 구사력을 높여 주어, 결국 국어에 대한 전반적인 능력을 업그레이드시킬 수 있게 해준다.

한국 사람이 사전 없이 책을 읽을 수 있는 것은 한자에 힘입은 바가 크다. 부자라는 단어만 알아도 부국, 부강, 부유 등의 어휘도 그 뜻을 유추할 수 있다. 전제 조건은 '富'가 '부유하다'는 의미라는 것을 알고 있느냐는 것이다. 그런데 만일 '부'의 의미를 정확히 모르면 그 외의 단어들도 그 의미를 잘못 파악하기 쉽다.

그렇다면 어떻게 한자를 익혀야 하는가?

한자는 부수 요소와 부수 외 요소가 있고, 부수별로 분류하여 외우는 것이 단순히 가나다의 순서로 외우는 것보다 훨씬 체계적이고 이해도 빠르다. 또한 한자만의 독특한 제자원리가 있으니 象形(상형), 指事(지사), 會意(회의), 形聲(형성), 假借(가차), 轉注(전주)가 바로 그것이다.

1. 象形(상형)

사물의 모양[形(형)]을 있는 그대로 본떠서 한자를 만드는 방법이다.

예: 土(토), 山(산) 등

2. 指事(지사)

숫자나 위치, 동작 등과 같의 구체적인 모양이 없는 것을 그림이나 부호 등을 이용해 구체화시켜 한자를 만드는 방법이다.

예: 上(상), 下(하)

3. 會意(회의)

이미 만들어진 글자들에서 뜻과 뜻을 합해 새로운 뜻의 글자를 만드는 방법이다.

예: 男(남) = 田(전) + 力(력) → '男子(남자)는 밭[田]에서 힘[力]을 써서 일하는 사람'이라는 뜻이다.

4. 形聲(형성)

새로운 뜻의 글자를 만들기 위해서 이미 만들어진 글자를 이용하는 방법이다. 회의가 뜻과 뜻을 합하여 새로운 글자를 만들어 내는 방법임에 비해, 형성은 한 글자에서는 소리를 따오고 다른 글자에서는 모양을 따다가 그 모양에서 뜻을 찾아 새로운 뜻의 글자를 만드는 방법이다.

예: 江(강) : 氵[물] + 工(공)

　　河(하) : 氵[물] + 可(가)

5. 假借(가차)

이미 만들어진 한자에 모양이나 소리나 뜻을 빌려 새로 찾아낸 뜻을 대입해서 사용하는 방법이다.

예: 弗 1) 아니다, 2) 달러

　　佛 1) 어그러지다, 2) 부처

6. 轉注(전주)

모양이 다르고 뜻이 같은 두 개 이상의 글자가 서로 자음이 같거나, 모음이 같거나 혹은 자음과 모음이 같은 관계 때문에 그 글자들 사이에 아무런 구별 없이 서로 섞어 사용하는 방법을 말한다.

예: 老(로), 考(고)

본 교재는 위의 원리에 입각해서 저술되었다. 다만 한 글자의 제자원리에 대한 설이 여럿인 경우가 있다. 이런 경우 기억을 위해 편리한 설을 따랐다. 또한 너무 깊이 들어가서 '한자학습서'가 아닌 '한자연구서'가 되지 않도록 어려운 내용은 과감히 생략하였다.

현재 시중에 한자 학습서로 나와 있는 교재 중에 한자를 상세히 풀이하여 놓은 책이 많이 있다. 하지만 대다수가 자의적인 해설을 달아놓은 것이다.

본 교재는 정직하게 쓰려고 하였다. 아는 만큼 연구한 만큼만 쓰려고 하였고, 그럼에도 불구하고 역량의 부족함을 느낀 적도 많았음을 고백한다. 하지만 이제 정직한 한자 교재가 하나쯤 있어야 한다는 당위성에 위로를 받으며 집필을 마치고자 한다.

끝으로 각종 한자 시험에 응시하려는 이들은, 각 시험의 특징, 선정 한자의 出入(출입) 등을 파악하고 대비하기 위해서 본 교재를 학습한 후 반드시 문제집을 풀어 볼 것을 당부 드린다.

2019년 7월

根巖 崔東石

목차

제1장

동물 관련 부수

제4장

사람 관련 부수-손

제5장

사람 관련 부수-입

목차

하

제9장

그릇 관련 부수

제10장

기물 관련 부수

제11장

자연물 관련 부수

제12장

지형 관련 부수

숫자와 필획 관련 부수

필순의 원칙

1. 왼쪽부터 오른쪽으로 쓴다.

예 外(외) ノ ク タ 夕 外

2. 위에서 아래로 쓴다.

예 客(객) 丶 冖 宀 宂 岁 安 客 客 客

3. 가로획과 세로획이 교차될 때는 가로획을 먼저 쓴다.

예 木(목) 一 十 才 木

4. 좌·우 대칭을 이루는 글자는 가운데를 먼저 쓰고 좌·우의 순서로 쓴다.

예 水(수) 亅 才 水 水

5. 몸과 안으로 된 글자는 몸부터 쓴다.

예 內(내) 丨 冂 內 內

6. 가운데를 꿰뚫는 획은 맨 나중에 쓴다.

예 手(수) 亅 才 水 水

7. 허리를 끊는 획은 맨 나중에 쓴다.

예 母(모) L 口 口 母 母

8. 삐침(ノ)과 파임(乀)이 만날 때는 삐침을 먼저 쓴다.

예 父(부) ノ 八 グ 父

9. 오른쪽 위의 점은 맨 나중에 찍는다.

예 成(성) 丿 厂 F 万 成 成 成

10. 받침으로 쓰이는 글자는 다음 두 가지로 구분한다.

* 달릴 주(走)나 면할 면(免)은 먼저 쓴다.

예 起(기) 一 十 土 キ 丰 丰 走 走 起 起

* 뛸 착, 갈 착(辶)이나 길게 걸을 인(廴)은 맨 나중에 쓴다.

예 道(도) 丷 丷 䒑 首 首 首 首 首 道 道 道 道

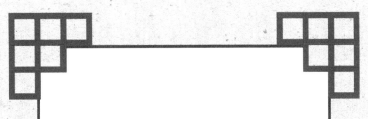

제7장
건물 관련 부수

119

入 들 입

사람이 사는 주거지의 입구를 본뜬 글자로 보인다.

2
한자자격시험 3~4급

兩 | 량
두
획수: **8** 부수: 入

>>> 상형문자

저울추를 본뜬 글자

兩家 양가

두 편의 집. 양쪽의 집

兩立 양립

❶ 둘이 함께 맞섬
❷ 두 가지 사실이 동시에 성립됨

兩者擇一 양자택일

둘 가운데서 하나를 택함

兩側 양측

❶ 두 편. 兩便(양편)
❷ 양쪽

兩親 양친

부모. 어버이

冂 + 入
어느 범위 안으로 들어감의 뜻

內亂 내란 / **內紛** 내분

內查 내사 / **內容** 내용

內憂外患 내우외환 / **內包** 내포

入隊 입대 / **入門** 입문

入港 입항 / **記入** 기입

沒入 몰입 / **流入** 유입

入 + 王[=玉]
순수한 옥의 뜻에서 '온전하다'의 의미를 나타냄

全滅 전멸 / **全般** 전반 / **全燒** 전소 /

全知全能 전지전능 / **完全** 완전

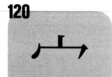

집 면

지붕과 두 기둥이 있는 집을 표현한 글자이다.

13
한자자격시험 3~4급

客 | 객
손

획수: **9** 부수: 宀

>>> 형성문자

宀 + 各(각)
各의 전음이 음을 나타냄

客席 객석
손님이 앉는 자리

客地 객지
자기 집을 떠나 임시로 가 있는 곳

顧客 고객
영업의 대상자로 오는 손님. 단골손님

觀客 관객
구경하는 사람

政客 정객
정치를 하는 사람

賀客 하객
축하하는 손님

宀[집] + 自[많은 사람]
관청의 뜻

官家 관가

나랏일을 보던 집

官吏 관리

관직에 있는 사람

官舍 관사

관리가 살도록 관에서 지은 집

官職 관직

관리의 직무나 직위

官廳 관청

국가 기관의 사무를 맡아보는 곳

器官 기관

감각, 운동, 생식 등의 일정한 기능을 가진 생물체의 각 부분

14
한자자격시험 3~4급

官 | 관
벼슬
획수: **8** 부수: 宀

>>> 형성문자

宀 + 呂
'呂(려)'는 집과 집이 연결되어 있는 모습

宮闕 궁궐

大闕(대궐)

宮女 궁녀

궁중에서 大殿(대전), 內殿(내전)을 가까이 모시던 여자

宮合 궁합

혼담이 있는 남녀의 四柱(사주)를 五行(오행)에 맞추어 보아
배우자로서의 길흉을 헤아리는 점

15
한자자격시험 3~4급

宮 | 궁
집
획수: **10** 부수: 宀

>>> 상형문자

子宮 자궁

여자 생식기의 일부로 태아가 자라는 곳

後宮 후궁

❶ 帝王(제왕)의 첩
❷ 주되는 궁전 뒤쪽의 궁전

16
한자자격시험 3~4급

寄 | 기

부칠

획수: **11** 부수: 宀

>>> 형성문자

宀 + 奇(기)

寄附 기부

공공 단체나 절, 교회 등에 무상으로 금전, 물품을 내놓음

寄宿 기숙

남의 집에 몸을 붙여 宿食(숙식)함

寄與 기여

❶ 부치어 줌. 보내 줌
❷ 이바지함

寄贈 기증

물품을 보내 줌

17
한자자격시험 3~4급

密 | 밀

빽빽할

획수: **11** 부수: 宀

>>> 형성문자

山 + 宓(밀)

密度 밀도

빽빽한 정도

密林 밀림

나무가 빽빽한 수풀

密使 밀사

비밀히 보내는 사자

密約 밀약

비밀히 약속함 또는 그 약속

祕密 비밀

❶ 남에게 알려서는 안 되는 일의 내용

❷ 아직 밝혀지지 않거나 알려지지 않은 내용

親密 친밀

사이가 친하고 가까움

18
한자자격시험 3~4급

寶 | 보

보배

획수: **20** 부수: 宀

>>> 회의문자

宀 + 玉 + 貝 + 缶[독]

집안에 보석과 화폐와 배가 부른 독이 있는 모양

합하여 '보배'의 뜻을 나타냄

寶庫 보고

❶ 보물을 쌓아 두는 곳집

❷ 물자가 많이 산출되는 땅

寶物 보물

보배로운 물건

寶石 보석

색채와 광택이 아름다워 귀중히 여겨지는 광물

國寶 국보

❶ 국가의 보배로 지정한 물건

❷ '國璽(국새)'의 이칭

富 | 부
넉넉할
획수: **12** 부수: 宀

>>> 형성문자

宀 + 畐(복)

畐의 전음이 음을 나타냄

富强 부강

나라의 財政(재정)이 넉넉하고 군사력이 강함

富國强兵 부국강병

나라를 부유하게 하고 군사력을 강하게 함

富益富 부익부

富者(부자)가 더욱 부자가 됨

甲富 갑부

첫째가는 큰 부자

豊富 풍부

넉넉하고 많음

寫 | 사
베낄
획수: **15** 부수: 宀

>>> 형성문자

宀 + 舄(사)

寫本 사본

原本(원본)을 옮겨 베낌 또는 그 베껴놓은 문서나 책

寫眞 사진

사진기로 찍은 형상

模寫 모사

❶ 흉내 내어 그대로 나타냄
❷ 본떠서 그대로 그림

描寫 묘사

본 것이나 느낀 것 등을 객관적으로 표현함

複寫 복사

사진, 문서 따위를 본디 것과 똑같이 박는 일

筆寫 필사

붓으로 베껴 씀

21
한자자격시험 3~4급

宣 | 선

베풀

획수: **9** 부수: 宀

>>> 형성문자

宀 + 亘(선)

宣告 선고

재판의 판결을 알림

宣誓 선서

공개적으로 맹세함

宣言 선언

자기의 의견을 일반 사람에게 밝혀 말함

宣傳 선전

일정한 사상, 이론, 지식 등을 대중에게 널리 인식시키는 일

宣布 선포

세상에 널리 알림

22
한자자격시험 3~4급

守 | 수

지킬

획수: **6** 부수: 宀

>>> 형성문자

宀[관청] + 寸[법도]

관리가 법도에 의하여 관직을 지킴의 의미

守備 수비

지키어 방비함

守勢 수세

적을 맞아 지키는 태세 또는 밀리는 형세

守株待兎 수주대토

그루터기를 지키고 앉아 토끼를 기다림

'舊習(구습)에만 젖어 時代(시대)의 변천을 모름'의 비유

守護 수호

지키어 보호함

保守 보수

오랜 습관, 제도, 방법 등을 소중히 여겨 그대로 지킴

23
한자자격시험 3~4급

宿 | 숙, 수

잘, 별자리

획수: **11** 부수: 宀

>>> 회의문자

宀 + 亻 + 百[돗자리] (→ 집안에서 사람[亻]이 돗자리[百]를 깔고 누워서 쉰다는 의미)

宿所 숙소

머물러 묵는 곳

宿願 숙원

오래 전부터의 소원

露宿 노숙

한데서 밤을 지냄

合宿 합숙

한곳에서 묵음

聖宿 성수

❶ 별자리
❷ 모든 별자리의 별들

24
한자자격시험 3~4급

實 | 실

열매

획수: **14** 부수: 宀

>>> 회의문자

宀 + 貫[끈으로 꿴 동전] (→ 집안에 재화가 가득함의 뜻)

實事求是 실사구시

실제의 사실에 근거하여 진리를 탐구하는 일

實存 실존

실제로 존재함

實證 실증

실물이나 사실에 근거하여 증명함 또는 그에 따른 증거

實踐躬行 실천궁행

실제로 몸소 이행함

眞實 진실

거짓 없이 바르고 참됨

充實 충실

속이 꽉 차서 알참

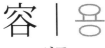

25
한자자격시험 3~4급

宴 | 연
잔치
획수: **10** 부수: 宀
>>> 회의문자

宀 + 妟[요염한 여자]
주연을 베풀어 즐기는 뜻

宴會 연회

여러 사람이 모여 즐기는 잔치

酒宴 주연

술잔치

饗宴 향연

특별히 융숭하게 대접하는 잔치

26
한자자격시험 3~4급

容 | 용
얼굴
획수: **10** 부수: 宀
>>> 형성문자

宀 + 谷(곡)
谷의 전음이 음을 나타냄

容納 용납

너그럽게 받아들임

容貌 용모

얼굴 모양

容恕 용서

죄나 과오에 대하여 벌을 주지 않고 관대히 처리함

寬容 관용

너그럽게 포용함

包容 포용

너그럽게 감싸 받아들임

許容 허용

허락하여 용납함

27

한자자격시험 3~4급

完 | 완

완전할

획수: **7** 부수: 宀

>>> 형성문자

宀 + 元(원)

元의 전음이 음을 나타냄

完結 완결

완전하게 끝맺음

完了 완료

완전히 끝마침

完成 완성

완전히 다 이룸

完譯 완역

전문(全文)을 모두 번역함 또는 그 번역

完治 완치

병을 완전히 고침

補完 보완

모자라는 것을 보충하여 완전하게 함

28
한자자격시험 3~4급
宇 | 우
집
획수: **6** 부수: 宀
>>> 형성문자

宀 + 于(우)

宇宙 우주

온 세계를 둘러싸고 있는 공간

29
한자자격시험 3~4급
宜 | 의
마땅할
획수: **8** 부수: 宀
>>> 상형문자

도마 위에 오른 고기 조각의 모양을 본뜬 모습

宜當 의당

마땅히 그러함

便宜 편의

사용하거나 이용하는 데 편리함

30
한자자격시험 3~4급
寅 | 인
셋째지지
획수: **11** 부수: 宀
>>> 회의문자

宀 + 大 + 臼

寅時 인시

❶ 십이시의 셋째 시
❷ 이십사시의 다섯째 시

定 | 정
정할
획수: **8** 부수: 宀

>>> 형성문자

宀 + 正(정)

定石 정석
어떤 일을 처리할 때의 정해진 일정한 방식

定員 정원
정해진 인원수

定義 정의
개념(槪念)의 내용을 확정해 보이는 논리적인 규정

定着 정착
일정한 곳에 자리 잡아 삶

限定 한정
제한하여 정함

確定 확정
확고하게 정함

宗 | 종
마루
획수: **8** 부수: 宀

>>> 회의문자

宀 + 示[신]
조상의 영혼을 모신 곳 또는 제사를 지내는 일족의 장 (長)의 뜻

宗家 종가
한 문중(門中)에서 족보상으로 맏이로만 내려온 큰집

宗敎 종교
신의 힘이나 초자연적인 존재를 숭배하는 신앙

宗廟 종묘
역대 임금과 왕비의 위패를 모신 왕실의 사당

改宗 개종

믿던 종교를 바꾸어 다른 종교를 믿음

33
한자격시험 3~4급

宙 | 주

집

획수: **8** 부수: 宀

>>> 형성문자

宀 + 由(유)

由의 전음이 음을 나타냄

宇宙 우주

온 세계를 둘러싸고 있는 공간

34
한자격시험 3~4급

察 | 찰

살필

획수: **14** 부수: 宀

>>> 형성문자

宀 + 祭(제)

祭의 전음이 음을 나타냄

監察 감찰

❶ 감시하여 살핌
❷ 감독과 단속을 맡은 직무

觀察 관찰

사물을 자세히 살펴봄

考察 고찰

깊이 생각하여 살핌

省察 성찰

반성하여 살핌

診察 진찰

의사가 병의 유무나 증세 따위를 살피는 일

宅 | 택, 댁
집, 댁
획수: **6** 부수: 宀

>>> 형성문자

宀 + 乇(탁)
乇의 전음이 음을 나타냄

宅地 택지
주택을 짓기 위한 땅

家宅 가택
사람이 살고 있는 집

邸宅 저택
규모가 아주 큰 집

住宅 주택
살림살이를 할 수 있도록 지은 집

寒 | 한
찰
획수: **12** 부수: 宀

>>> 회의문자

宀 + 茻[풀] + 人 + 冫

寒氣 한기
추운 기운

寒波 한파
겨울철에 기온이 급격히 떨어지는 현상

大寒 대한
이십사절기의 하나
소한(小寒)과 입춘(立春) 사이로, 1월 21일경

小寒 소한
이십사절기의 하나
동지(冬至)와 대한(大寒) 사이로, 1월 6일 경

惡寒 오한
몸에 열이 나면서 오슬오슬 춥고 떨리는 증세

酷寒 혹한

몹시 심한 추위

37
한자자격시험 3~4급

害 | 해, 갈

해칠, 어찌

획수: **10** 부수: 宀

>>> 형성문자

宀 + 口 + 丰(개)

丰의 전음이 음을 나타냄

害惡 해악

해가 되는 나쁜 영향

害蟲 해충

사람이나 농작물에 해가 되는 벌레

公害 공해

산업 활동이나 교통량의 증가로 인하여 공중의 건강, 생활
환경에 미치는 해

百害無益 백해무익

해롭기만 하고 조금도 이로울 것이 없음

損害 손해

금전, 물질 면에서, 본디보다 밑지거나 해가 됨

災害 재해

재앙으로 말미암은 피해

38
한자자격시험 5~8급

家 | 가

집

획수: **10** 부수: 宀

>>> 회의문자

宀[집] + 豕[돼지]

돼지 따위의 희생을 올리는 집안의 신성한 곳의 뜻

家系 가계 / **家計** 가계 / **家産** 가산 / **家屋** 가옥 /

家庭 가정 / **大家** 대가

| 39 |
| 한자자격시험 5~8급 |

室 | 실
집
획수: **9** 부수: 宀

>>> 회의문자

宀 + 至[이르다]
사람이 이르러 머무는 방의 뜻

室內 실내

正室 정실

寢室 침실

| 40 |
| 한자자격시험 5~8급 |

安 | 안
편안
획수: **6** 부수: 宀

>>> 회의문자

宀 + 女[여자]
여자가 집안에 편안히 있음의 뜻

安樂 안락

安否 안부

安貧樂道 안빈낙도

安全 안전

安住 안주

121

广

집 **엄**

한쪽에만 기둥이 있는 집을 표현한 글자이다.
广 자를 부수로 삼는 한자는 흔히 작고 허름한 집과 관련된 뜻을
지닌다.

제 7 장 건물 관련 부수

9
한자자격시험 3~4급

康 | 강
편안할
획수: **11** 부수: **广**

>>> 형성문자

米 + 庚(경)
庚의 전음이 음을 나타냄

康衢煙月 강구연월

번화한 거리 위로 연기 사이에 은은히 비치는 달빛
'태평한 시대의 평화로운 거리 풍경'을 이름

健康 건강

몸이 탈 없이 튼튼함

小康 소강

소란스런 상태가 얼마 동안 가라앉는 일

10
한자자격시험 3~4급

庚 | 경
일곱째 천간
획수: **8** 부수: **广**

>>> 상형문자

절굿공이를 두 손으로 들어 올리는 모양을 형상함

庚時 경시

이십사시의 열여덟째 시

庫 | 고

곳집

획수: **10** 부수: **广**

>>> 회의문자

广[집] + 車[수레]

무기, 전차를 보관하는 곳을 뜻함

金庫 금고

돈이나 귀중품을 넣어 두는, 쇠로 만든 궤

在庫 재고

창고에 있음

倉庫 창고

물자를 보관하는 건물

廣 | 광

넓을

획수: **15** 부수: **广**

>>> 형성분자

广 + 黃(황)

黃의 전음이 음을 나타냄

廣告 광고

세상에 널리 알림

廣大 광대

넓고 큼

廣域 광역

넓은 지역

廣義 광의

어떤 말의 뜻을 넓은 범위로 해석했을 때의 뜻

廣場 광장

건물이 없이 넓게 비어 있는 곳

13

한자자격시험 3~4급

府 | 부
마을
획수: **8** 부수: **广**

>>> 형성문자

广 + 付(부)

政府 정부
국가의 정책(政策)을 집행하는 기관

14

한자자격시험 3~4급

床 | 상
평상
획수: **7** 부수: **广**

>>> 형성문자

广 + 木[牀(장)의 생략형]
牀의 전음이 음을 나타냄

起床 기상
잠자리에서 일어남

病床 병상
앓아누워 있는 자리

溫床 온상

❶ 인공으로 열을 가하여 식물을 기르는 시설
❷ 어떤 현상이 싹터 자라나는 토대

15

한자자격시험 3~4급

序 | 서
차례
획수: **7** 부수: **广**

>>> 형성문자

广 + 予(여)
予의 전음이 음을 나타냄

序論 서론
머리말

序幕 서막

❶ 연극에서 처음 여는 막
❷ '일의 시작'의 비유

序列 서열

❶ 차례로 늘어놓음

❷ 차례

序戰 서전

첫 경기. 첫 싸움

秩序 질서

사물의 일정한 차례나 규칙(規則)

16

한자자격시험 3~4급

庶 | 서
여러
획수: **11** 부수: **广**

>>> 회의문자

广 + 茊

庶民 서민

일반 사람들. 백성

庶子 서자

첩에게서 태어난 아들

17

한자자격시험 3~4급

底 | 저
밑
획수: **8** 부수: **广**

>>> 형성문자

广 + 氐(저)

底力 저력

듬직하게 버티어 내는 끈기 있는 힘

底意 저의

속에 품고 있는 뜻

基底 기저

기초가 되는 것

海底 해저

바다의 밑바닥

국어 실력으로 이어지는 수(秀) 한자: 3-4급 하

广 + 占(점)

店員 점원

남의 가게에서 일을 보아 주고 보수를 받는 사람

露店 노점

한데에 벌여 놓은 가게

書店 서점

책을 파는 상점

支店 지점

본점(本店)에서 갈라져 나온 가게

18

한자자격시험 3~4급

店 | 점

가게

획수: **8** 부수: **广**

>>> 형성문자

广 + 廷(정)

庭園 정원

집 안의 뜰과 꽃밭

家庭 가정

가족이 함께 생활하는 공동체

校庭 교정

학교의 운동장

親庭 친정

시집간 여자의 본집

19

한자자격시험 3~4급

庭 | 정

뜰

획수: **10** 부수: **广**

>>> 형성문자

20
한자자격시험 3~4급

座 | 좌
자리
획수: **10** 부수: **广**

>>> 형성문자

广 + 坐(좌)

'坐'는 앉다의 뜻. 가옥 안의 앉는 장소의 뜻을 나타냄

坐不安席 좌불안석

앉아 있어도 편안한 자리가 아님. '불안하거나 걱정스러워 한군데에 오래 앉아 있지 못함'을 이름

坐視 좌시

❶ 앉아서 봄
❷ 간섭하지 않고 가만히 두고 보기만 함

對坐 대좌

마주 앉음

連坐 연좌

다른 사람의 범죄 사건에 휘말려서 처벌을 받음

21
한자자격시험 5~8급

度 | 도, 탁
법도, 헤아릴
획수: **9** 부수: **广**

>>> 형성문자

又 + 庶[庶(서)의 생략형]

庶의 전음이 음을 나타냄

度量 도량

法度 법도

程度 정도

制度 제도

態度 태도

限度 한도

122

戶

지게 **호**

나무 기둥에 한 짝의 문이 달린 모양을 표현한 글자이다.
戶자 부수에 속하는 한자는 일반적으로 문과 관련된 뜻을 지닌다.

2

한자자격시험 3~4급

房 │ 방
방
획수: **8** 부수: **戶**

>>> 형성문자

戶 + 方(방)

房貰 방세
남의 집 방에 세를 들고 내는 돈

暖房 난방
방을 덥게 함, 또는 덥게 한 방

獨房 독방
❶ 혼자서 쓰는 방
❷ 한 사람만 수용하는 방

3
한자자격시험 3~4급

戶 │ 호
지게
획수: **4** 부수: **戶**

>>> 상형문자

戶口 호구
호수(戶數)와 식구

戶籍 호적
호수(戶數) 및 인구(人口)를 기록한 장부

戶主 호주
한 집안의 주인이 되는 사람

4

한자자격시험 5~8급

所 | 소

바

획수: **8** 부수: **戶**

>>> 형성문자

斤[도끼] + 戶(호)
戶의 전음이 음을 나타냄

所感 소감

所見 소견

所聞 소문

所信 소신

所在 소재

住所 주소

123

瓦

기와 **와**

지붕에 잇닿아 놓여있는 기와를 표현한 글자이다.

한자자격시험 5~8급

1

瓦 | 와

기와

획수: **5**　부수: **瓦**

>>> 상형문자

瓦解 와해

기와가 깨지듯이 사물이 깨져 산산이 흩어짐

124

門

문 문

마주 선 기둥에 각기 한 짝씩 달려 있는 문을 표현한 글자이다. 門자 부수에 속하는 한자의 뜻은 대개 문의 종류나 상태와 관련 이 있다.

9
한자자격시험 3~4급

關 | 관
빗장
획수: **19** 부수: **門**

>>> 형성문자

門 + 𢇇(관)

關鍵 관건
❶ 빗장과 자물쇠
❷ 문제 해결을 위해 꼭 있어야 하는 것

關係 관계
둘 이상이 서로 걸림

關稅 관세
한 나라의 세관을 통과하는 물품에 대하여 부과하는 세금

關與 관여
어떤 일에 관계함

聯關 연관
이어짐. 연결됨

10 한자자격시험 3~4급

閉 | 폐
닫을
획수: **11** 부수: **門**

>>> 회의문자

門 + 才
才는 문을 닫을 때 쓰는 빗장을 그린 것이다

閉講 폐강
하던 강의나 강좌 따위를 없앰

閉業 폐업
문을 닫고 영업을 쉼

閉會 폐회
회의(會議)를 마침

密閉 밀폐
빈틈없이 꼭 막음

11 한자자격시험 3~4급

閑 | 한
한가할
획수: **12** 부수: **門**

>>> 회의문자

門 + 木[나무]
문안에 있는 횡목 칸막이의 뜻
뒤에 전하여 '한가하다'의 의미가 되었다

閑暇 한가
바쁘지 않아 겨를이 있음

閑散 한산
한가하고 쓸쓸함

閑寂 한적
조용하고 쓸쓸함

等閑 등한
마음에 두지 않고 예사로 여김

忙中閑 망중한
바쁜 가운데서도 한가한 때

12	
한자자격시험 5~8급	門 + 月
間 | 간	閒의 月이 日로 변한 것
사이, 이간할	**間隔** 간격
획수: **12** 부수: **門**	**間言** 간언
>>> 회의문자	**間紙** 간지
	近間 근간
	離間 이간

13	
한자자격시험 5~8급	門 + 幵(견)
開 | 개	'幵'은 양손의 상형. 문을 양손으로 열다의 뜻
열	**開幕** 개막 / **開始** 개시
획수: **12** 부수: **門**	**開業** 개업 / **開陳** 개진
>>> 회의문자	**開閉** 개폐 / **打開** 타개

14	
한자자격시험 5~8급	**門外漢** 문외한 / **門前成市** 문전성시
門 | 문	**門下** 문하 / **同門** 동문
문	**名門** 명문 / **專門** 전문
획수: **8** 부수: **門**	
>>> 상형문자	

高

높을 고

높은 건물을 표현한 글자이다.

1
한자자격시험 5~8급

高 | 고

높을

획수: **10** 부수: **高**

>>> 상형문자

높은 건물의 형상을 그린 것

高價 고가

高見 고견

高談峻論 고담준론

高手 고수

高低 고저

崇高 숭고

제8장
무기 관련 부수

 칼 **도**

 선칼도

칼을 표현한 글자이다.
刀자가 다른 글자에 덧붙여 질 때는 刂의 형태로도 쓰이는데, '선
칼도'라고 한다. 刀(刂)자 부수에 속하는 한자는 대부분 칼로 베는
동작이나 칼을 사용하는 활동과 관련된 뜻을 지닌다.

12
한자자격시험 3~4급

刻 | 각

새길
획수: **8** 부수: **刀**

>>> 형성문자

刂 + 亥(해)
亥의 전음이 음을 나타냄

刻苦 각고
몹시 애씀

刻骨難忘 각골난망
입은 은혜에 대한 고마움이 뼈에 새겨져 잊히지 아니함

刻印 각인
도장을 새김

刻舟求劍 각주구검
뱃전에 표시를 새겨 칼을 찾으려 함
'어리석고 미련하여 융통성이 없음'을 이름

深刻 심각
매우 중대하고 절실함

正刻 정각
틀림없는 그 시각

13

한자자격시험 3~4급

刊 | 간

책펴냄

획수: **5** 부수: **刀**

>>> 형성문자

刂 + 干(간)

刊行 간행

인쇄하여 발행함

季刊 계간

1년에 네 번, 철따라 발간함, 또는 그 간행물

發刊 발간

책, 신문 등을 박아 펴냄

新刊 신간

출판물을 새로 박아 내놓음, 또는 그 출판물

廢刊 폐간

신문, 잡지 따위의 정기 간행물의 간행을 폐지함

14

한자자격시험 3~4급

劍 | 검

칼

획수: **15** 부수: **刀**

>>> 형성문자

刂 + 僉(첨)

僉의 전음이 음을 나타냄

劍客 검객

검술을 잘하는 사람

劍道 검도

검술(劍術)을 하나의 도로 보고 이르는 말

劍術 검술

칼을 쓰는 수법

51

刀 + 劵(권)

旅券 여권

행정 기관에서 외국 여행을 승인하는 증명서

債券 채권

국가, 회사가 필요 자금을 빌릴 경우에 발행하는 유가
증권

15
한자자격시험 3~4급

券 | 권
문서
획수: **8** 부수: **刀**

>>> 형성문자

至 + 刂(도)

到達 도달

정한 곳에 이름

到來 도래

이름. 와 닿음

到着 도착

목적지에 다다름

到處 도처

가는 곳마다

16
한자자격시험 3~4급

到 | 도
이를
획수: **8** 부수: **刀**

>>> 형성문자

刂 + 歹(알)
歹의 전음이 음을 나타냄

列强 열강

여러 강한 나라들

列擧 열거

여러 가지를 죽 들어서 말함

17
한자자격시험 3~4급

列 | 렬
벌일
획수: **6** 부수: **刀**

>>> 형성문자

국어 실력으로 이어지는 수(秀) 한자: 3-4급 하

列島 열도

길게 줄을 지어 늘어서 있는 섬들

序列 서열

❶ 순서를 따라 늘어섬

❷ 차례

陳列 진열

물건을 죽 벌여 놓음

18
한자자격시험 3~4급

副 | 부

버금

획수: **11** 부수: **刀**

>>> 형성문자

刂 + 畐(복)

畐의 전음이 음을 나타냄

副賞 부상

정식의 상 이외에 따로 덧붙여서 주는 상

副審 부심

주심(主審)을 돕는 심판

副業 부업

본업(本業) 외에 따로 가지는 직업

副作用 부작용

본래의 작용에 곁들여 나타나는 해로운 작용

正副 정부

으뜸과 버금

19

刷 | 쇄
인쇄할
획수: **8** 부수: **刀**

>>> 형성문자

刂 + 㕚(쇄)

㕚의 생략형이 음을 나타냄

刷新 쇄신

묵은 것을 없애고 새롭게 함

印刷 인쇄

글자나 그림을 종이에 박아 내는 일

20

切 | 절, 체
끊을, 모두
획수: **4** 부수: **刀**

>>> 형성문자

刀 + 七(칠)

七의 전음이 음을 나타냄

切斷 절단

베거나 잘라 끊음

切迫 절박

시간적으로 몹시 급박함

切磋琢磨 절차탁마

깎고 닦고 쪼고 갊. '학문과 기술을 배우고 닦음'을 이름

切齒腐心 절치부심

몹시 분하여 이를 갈면서 속을 썩임

切親 절친

매우 친함

品切 품절

물품이 다 팔리어 없음

21

한자자격시험 3~4급

制 | 제
억제할
획수: **8** 부수: **刀**

>>> 회의문자

刂 + 未

未(미)는 나뭇가지가 겹쳐진 나무의 상형
작은 가지가 있는 나무를 칼로 끊어냄의 뜻

制度 제도
❶ 정해진 법도
❷ 나라나 사회 구조의 체계

制服 제복
규정에 따라 입도록 정한 옷

制裁 제재
법이나 규율을 위반하는 행위에 대하여 가하는 처벌

制定 제정
제도, 문물 등을 정함

制霸 제패
❶ 패권을 잡음
❷ 운동, 바둑 등의 경기에서 우승함

制限 제한
❶ 정해 놓은 한도
❷ 일정한 한도를 넘지 못하게 억제함

22

한자자격시험 3~4급

創 | 창
비롯할
획수: **12** 부수: **刀**

>>> 형성문자

刂 + 倉(창)

創團 창단
단체를 처음으로 만듦

創立 창립
처음으로 세움

創案 창안

처음으로 생각해 냄

創作 창작

예술 작품을 독창적으로 만들거나 표현하는 일

創造 창조

❶ 처음으로 생각해 내어 만듦
❷ 조물주(造物主)가 처음 우주를 만듦

初創 초창

처음 시작함 또는 시초

23
한자자격시험 3~4급

初 | 초

처음

획수: **7** 부수: **刀**

>>> 회의문자

衣[옷] + 刀

재단을 하는 것은 옷을 만드는 처음의 일이라는 뜻

初面 초면

처음으로 대하는 얼굴이나 처지

初步 초보

첫걸음

初有 초유

처음으로 있음

初志一貫 초지일관

처음에 세운 뜻을 끝까지 밀고 나감

年初 연초

새해의 첫머리

最初 최초

맨 처음

24

한자자격시험 3~4급

則 | 즉, 칙

곧, 법

획수: **9** 부수: **刀**

>>> 회의문자

貝[조개→재물] + 刂

물건을 공평하게 분할함의 뜻

전하여 법칙의 의미가 되었다

規則 규칙

사람의 행위나 사무 처리의 표준이 되는 지침(指針)

法則 법칙

반드시 지켜야 할 규칙

原則 원칙

근본(根本)이 되는 법칙(法則)

鐵則 철칙

변경하거나 어길 수 없는 규칙

25

한자자격시험 3~4급

判 | 판

판단할

획수: **7** 부수: **刀**

>>> 형성문자

刂 + 半(반)

半의 전음이 음을 나타냄

判決 판결

시비(是非)나 선악(善惡)을 판단하여 결정함

判斷 판단

사물에 대한 자기의 생각을 마음속으로 정함

判別 판별

판단하여 구별함

判定 판정

판별하여 결정함

批判 비판

비평(批評)하여 판단함

裁判 재판

소송을 해결하기 위하여 법원이나 법관이 내리는 판단

<table>
<tr><td>26
한자자격시험 3~4급

刑 ｜ 형
형벌
획수: **6** 부수: **刀**

>>> 형성문자</td><td>刂 + 幵(견)
幵의 전음이 음을 나타냄

刑量 형량

형벌(刑罰)의 양

刑罰 형벌

국가가 죄를 범한 사람에게 법률에 의해 주는 제재

刑法 형법

범죄와 형벌에 대한 법

刑事 형사

❶ 형법의 적용을 받는 사건.
❷ 범죄를 수사하고 범인을 체포하는 일을 맡은 경찰관

極刑 극형

가장 무거운 형벌. '사형(死刑)'을 이름</td></tr>
</table>

<table>
<tr><td>27
한자자격시험 3~4급

劃 ｜ 획
그을
획수: **14** 부수: **刀**

>>> 형성문자</td><td>刂 + 畫(획)

劃期的 획기적

새로운 시대나 기원을 이룰 만한 특출한 것

劃定 획정

명확히 구별하여 정함

區劃 구획

경계를 갈라 정함</td></tr>
</table>

국어 실력으로 이어지는 수(秀) 한자: 3-4급 하

28
한자자격시험 5~8급

刀 | 도
칼
획수: **2** 부수: **刀**

>>> 상형문자

短刀 단도

執刀 집도

29
한자자격시험 5~8급

利 | 리
이로울
획수: **7** 부수: **刀**

>>> 회의문자

禾[벼 화] + 刂

利權 이권 / 利用 이용

利益 이익 / 利子 이자

銳利 예리 / 便利 편리

30
한자자격시험 5~8급

別 | 별
다를
획수: **7** 부수: **刀**

>>> 회의문자

骨[뼈] + 刂
뼈와 살이 갈라놓음의 뜻. 즉, 물건을 나눔의 의미

別個 별개

別居 별거

別味 별미

別稱 별칭

區別 구별

離別 이별

31 한자자격시험 5~8급	刀 + 八[나눔]
分 | 분	나눔의 뜻
나눌, 분수	**分家** 분가 / **分斷** 분단
획수: **4** 부수: **刀**	**分明** 분명 / **分散** 분산
>>> 회의문자	**過分** 과분 / **職分** 직분

32 한자자격시험 5~8급	刂 + 歬(전)
前 | 전	**前科** 전과
앞	**前代未聞** 전대미문
획수: **9** 부수: **刀**	**前提** 전제
>>> 형성문자	**前兆** 전조
	前後 전후
	目前 목전

국어 실력으로 이어지는 수(秀) 한자: 3-4급 하

匕

비수 **비**

끼칼 도자와 방향만 바뀐 칼의 모습을 표현한 글자이다.

2
한자자격시험 3~4급

化 | 화

화할

획수: **4** 부수: **匕**

>>> 회의문자

亻 + 匕
바로 선 사람과 거꾸로 선 사람을 합친 글자
사물이 변함을 뜻함

化石 화석

변하여 된 돌
동식물의 유해(遺骸) 및 그 유물이 암석 속에 남아 있는 것

化學 화학

물질의 조성, 구조, 성질, 변화 따위를 연구하는 과학

教化 교화

가르쳐서 감화시킴

變化 변화

사물의 모양, 성질, 상태 등이 달라짐

3
한자자격시험 5~8급

北 | 북, 배

북녘, 달아날

획수: **5** 부수: **匕**

>>> 회의문자

丬 + 匕
사람이 서로 등지고 있는 모양에서 배반의 뜻
남쪽의 반대라는 의미에서 북쪽을 의미함

北極 북극 / **北斗七星** 북두칠성

北緯 북위 / **敗北** 패배

128

선비 **사**

옛날에 권위를 드러내는 도구로 사용된 도끼를 표현한 글자이다.
예전에 도끼는 죄인이나 포로에게 벌을 줄 때에 사용된 도구로,
신분이 높은 사람의 권위를 드러내는 물건이었다.

2
한자자격시험 3~4급

壽 | 수
목숨
획수: **14** 부수: **士**

>>> 형성문자

壽命 수명
목숨

壽福康寧 수복강녕
오래 살고 복되며 건강하고 평안함

壽石 수석
모양, 빛깔, 무늬가 아름답고 묘한 천연석

長壽 장수
목숨이 긺. 오래 삶

天壽 천수
타고난 수명

3
한자자격시험 5~8급

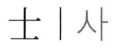

士 | 사
선비
획수: **3** 부수: **士**

>>> 상형문자

士農工商 사농공상 / **士大夫** 사대부

士林 사림 / **士兵** 사병

軍士 군사 / **勇士** 용사

129

방패 **간**

끝에 갈라진 가지가 있어 적을 공격할 수도 있는 모양의 방패를 표현한 글자이다.

3
한자자격시험 3~4급

干 | 간
방패
획수: **3** 부수: **干**

>>> 상형문자

干滿 간만

간조(干潮)와 만조(滿潮)
썰물과 밀물

干潟地 간석지

바닷물이 드나드는 개펄

干涉 간섭

남의 일에 참견함

干與 간여

관계함. 참견함

干支 간지

천간(天干)과 지지(地支)

물의 평면에 뜬 수초(水草)의 상형으로 '평평하다'의 뜻
을 나타냄

平均 평균
많고 적음이 없이 고름

平穩 평온
고요하고 안온함

平原 평원
평탄한 들

平易 평이
까다롭지 않고 쉬움

平和 평화
평온하고 화목함

公平 공평
치우치지 않고 공정함

人[사람] + 禾[벼 화]
사람이 벼[禾]를 짊어진 모습
벼가 익어 베어냈으므로 한 해의 수확을 뜻함

年鑑 연감 / **年金** 연금

年例 연례 / **年譜** 연보

青年 청년 / **豊年** 풍년

6
한자자격시험 5~8급

幸 | 행

다행

획수: **8** 부수: **干**

>>> 상형문자

쇠고랑의 상형. 쇠고랑을 면하여 다행이라는 의미

幸福 행복

幸運 행운

多幸 다행

不幸 불행

주살 **익**

줄을 매다는 말뚝을 표현한 글자이다. 그러다가 줄이 매달린 화살을 뜻하게 되었다. 옛날에는 줄이 매달린 화살을 쏘아 먼 거리에 있는 새와 같은 짐승을 잡았다.

2
한자자격시험 5~8급

式 | 식
법
획수: **6** 부수: **弋**

>>> 형성문자

工 + 弋(익)
弋의 전음이 음을 나타냄

式辭 식사

式場 식장

樣式 양식

儀式 의식

形式 형식

弓

활 궁

활을 표현한 글자이다. 弓자 부수에 속하는 한자는 흔히 활 또는
화살을 쏘는 동작과 관련된 뜻을 지닌다.

4
한자자격시험 3~4급

弓 | 궁
활
획수: **3** 부수: **弓**

>>> 상형문자

활을 본떠서 만든 글자

弓術 궁술
활 쏘는 기술

洋弓 양궁
❶ 서양식 활
❷ 서양식 활을 쏘아 득점을 겨루는 경기

5
한자자격시험 3~4급

引 | 인
당길
획수: **4** 부수: **弓**

>>> 지사문자

丨은 弓[활]을 잡아당김의 뜻

引率 인솔
손아랫사람이나 무리를 이끌고 감

引受 인수
넘겨받음

引用 인용
글귀, 사례 따위를 끌어다가 근거로 삼음

引出 인출
예금을 찾아냄

誘引 유인

남을 꾀어냄

割引 할인

일정한 값에서 얼마를 싸게 함

6
한자자격시험 3~4급

張 | 장
베풀, 뻗낼
획수: **11** 부수: **弓**

>>> 형성문자

弓 + 長(장)

張本人 장본인

물의를 일으킨 바로 그 사람

張皇 장황

번거롭고 긺

誇張 과장

사실보다 지나치게 떠벌려 나타냄

主張 주장

자기의 의견을 내세움

擴張 확장

늘이어 넓힘

7
한자자격시험 3~4급

弔 | 조, 적
조상할, 이를
획수: **4** 부수: **弓**

>>> 회의문자

弓 + 亻[사람]

옛날 장례에서는 사람이 활을 가지고 갔기 때문임

弔問 조문

죽음을 슬퍼하는 뜻을 드러내어 상주(喪主)를 위문함

弔喪 조상

남의 죽음에 대하여 슬퍼하여 조상하는 마음

弔意 조의

남의 죽음을 슬퍼하여 조상하는 마음

慶弔 경조

경사스러운 일과 궂은 일

謹弔 근조

삼가 조상(弔喪)함

8
한자자격시험 3~4급

彈 │ 탄

탄알

획수: **15** 부수: **弓**

>>> 형성문자

弓 + 單

單의 전음이 음을 나타냄

彈道 탄도

발사된 탄알이 공중을 지나가는 길

彈壓 탄압

권력을 써서 억누름

彈劾 탄핵

죄상을 따져 문책함

彈丸 탄환

탄알, 총탄, 포탄 따위

指彈 지탄

❶ 손가락으로 튀김
❷ 꼬집어 비난함. 지목하여 비방함

砲彈 포탄

대포의 탄환

9

한자자격시험 3~4급

弘 | 홍
넓을
획수: **5** 부수: **弓**

>>> 형성문자

弓 + 厶(사)
厶의 전음이 음을 나타냄

弘報 홍보
널리 알림 또는 그 보도(報道)

弘益 홍익
❶ 큰 이익
❷ 널리 이롭게 함

10

한자자격시험 5~8급

强 | 강
강할, 힘쓸
획수: **11** 부수: **弓**

>>> 형성문자

虫을 바탕으로 '弘(홍)'의 전음이 음을 나타냄

强要 강요 / **强制** 강제

强奪 강탈 / **富强** 부강

列强 열강 / **自强不息** 자강불식

11

한자자격시험 5~8급

弱 | 약
약한
획수: **10** 부수: **弓**

>>> 회의문자

구부러진 활의 모양과 彡[깃]의 합자

弱冠 약관

弱勢 약세

弱肉强食 약육강식

弱點 약점

軟弱 연약

脆弱 취약

국어 실력으로 이어지는 수(秀) 한자: 3-4급 하

弟 | 제

아우

획수: **7** 부수: **弓**

>>> 회의문자

새를 잡는 화살인 주살[弋(익)]을 끈[弓]으로 묶은 모양. 주살을 끈으로 묶는 것도 순서가 있다는 의미에서 '차례, 순서'라는 의미가 되었고, 다시 '형제'라는 뜻이 파생되었다

弟嫂 제수

弟子 제자

師弟 사제

兄弟 형제

제 8 장 무기 관련 부수

창 과

가늘고 긴 자루에 달린 창을 표현한 글자이다.

6
한자자격시험 3~4급

戒 | 계

경계할

획수: **7** 부수: **戈**

>>> 회의문자

戈 + 廾

'廾(공)'은 좌우의 손의 상형

무기[戈]를 양손에 들고 경계하다의 뜻

戒嚴 계엄

전쟁, 비상 사태 등이 발생하였을 때, 군대로써 어떤 지역을 경계하는 일

戒律 계율

중이 지켜야 할 규율

警戒 경계

❶ 사고, 범죄에 대비하여 미리 조심하여 지킴

❷ 타일러 조심하게 함

齋戒 재계

부정을 타지 않도록 몸가짐을 깨끗이 함

破戒 파계

계율을 지키지 않음

7

한자자격시험 3~4급

戊 | 무

다섯째 천간

획수: **5** 부수: **戈**

>>> 상형문자

도끼날이 달린 창[戈]의 모양을 본떴음

가차(假借)하여 十干(십간)의 5位로 씀

戊夜 무야

오전 3시~5시. 五更(오경)

8

한자자격시험 3~4급

戌 | 술

열한째지지

획수: **6** 부수: **戈**

>>> 형성문자

戌 + 一(일)

一의 전음이 음을 나타냄

戌時 술시

❶ 십이시의 열한째 시

❷ 이십사시의 스물한째 시

9

한자자격시험 3~4급

我 | 아

나

획수: **7** 부수: **戈**

>>> 회의문자

手 + 戈

무기[戈]를 손[手]에 들고 내 몸을 지킴의 뜻

我軍 아군

우리 편의 군사

我田引水 아전인수

제 논에 물 대기. '자기에게 이로운대로만 함'의 뜻

我執 아집

자기의 의견에만 사로잡힌 고집

沒我 몰아

자기를 잊고 있는 상태

自我 자아

자기 자신

10 한자자격시험 3~4급

戰 | 전
싸울

획수: **16** 부수: **戈**

>>> 형성문자

戈 + 單(선)
單의 전음이 음을 나타냄

戰死 전사
싸움터에서 싸우다 죽음

戰術 전술
전쟁, 경쟁 등에서 이기기 위한 수단이나 방법

戰爭 전쟁
나라 간의 싸움

戰戰兢兢 전전긍긍
몹시 두려워하여 벌벌 떨면서 조심함

奮戰 분전
힘을 다하여 싸움

接戰 접전
❶ 서로 맞붙어 싸움
❷ 승부가 쉽게 나지 않는 싸움

11 한자자격시험 3~4급

或 | 혹
혹

획수: **8** 부수: **戈**

>>> 회의문자

戸[영역] + 戈
구획을 지어 둘러싸 지킴의 뜻

或是 혹시
❶ 만일에 행여나
❷ 어떠할 경우에. 어쩌다가

或者 혹자
어떤 사람

間或 간혹
이따금. 어쩌다가

국어 실력으로 이어지는 수(秀) 한자: 3-4급 하

設或 설혹

그렇다 하더라도

한자자격시험 5~8급

成 | 성
이룰
획수: **7** 부수: **戈**

>>> 형성문자

戊 + 丁(정)
丁의 전음이 음을 나타냄

成人 성인

成長 성장

成績 성적

成就 성취

成敗 성패

完成 완성

133

斤

도끼 근

굽은 자루에 뾰족한 날이 달려있는 도끼를 표현한 글자이다.

도끼를 표현한 글자

3
한자자격시험 3~4급

斤 | 근

도끼

획수: **4** 부수: **斤**

>>> 상형문자

4
한자자격시험 3~4급

斷 | 단

끊을, 결단할

획수: **18** 부수: **斤**

>>> 회의문자

㡭 + 斤
'㡭(절)'은 이어진 실을 본뜬 것
'斤(근)'은 도끼의 상형
연결된 것을 끊다의 뜻을 나타냄

斷切 단절

자름. 끊음

斷定 단정

결단하여 정함

斷罪 단죄

죄상(罪狀)에 대하여 판결을 내림

斷行 단행

결단하여 실행함

決斷 결단

딱 잘라 단안을 내림

獨斷 독단

작 혼자 멋대로 결정함

5

한자자격시험 3~4급

斯 | 사

이

획수: **12** 부수: **斤**

>>> 회의문자

其 + 斤

其(기)는 키의 상형. 키질해서 가르다의 뜻

가차하여 '이것'의 뜻이 되었다

斯文亂賊 사문난적

유교에서 그 교리에 어긋난 언동(言動)을 하는 사람을 이르는 말

6

한자자격시험 5~8급

新 | 신

새

획수: **13** 부수: **斤**

>>> 형성문자

斤 + 亲(신)

新年 신년

新設 신설

新築 신축

新婚 신혼

最新 최신

革新 혁신

135

矢

화살 **시**

화살을 표현한 글자이다.

3

한자자격시험 3~4급

矢 | 의

어조사

획수: **7** 부수: **矢**

>>> 형성문자

矢 + 厶[=以(이)]

厶의 전음이 음을 나타냄

萬事休矣 만사휴의

온갖 일이 끝났도다. '희망이 끊어짐'을 이름

4

한자자격시험 3~4급

知 | 지

알

획수: **8** 부수: **矢**

>>> 회의문자

口[입 구] + 矢

사람의 말을 듣고 화살처럼 거침없이 깨달음의 의미

知性 지성

사물을 알고 생각하고 판단하는 능력

知識 지식

사물에 대한 명료한 의식과 판단

知彼知己 지피지기

상대의 형편과 나의 형편을 잘 앎

知慧 지혜

사물의 도리, 선악 따위를 잘 분별(分別)하는 마음의 작용

熟知 숙지

충분히 잘 앎

親知 친지

친근하게 서로 잘 알고 지내는 사람

5
한자자격시험 5~8급

短 | 단

짧을

획수: **12** 부수: **矢**

>>> 형성문자

矢 + 豆(두)

豆의 전음이 음을 나타냄

短文 단문

短命 단명

短身 단신

短點 단점

短縮 단축

長短 장단

至

이를 지

화살이 땅에 이르러 꽂힌 모습을 표현한 글자이다.

2
한자자격시험 3~4급

至 | 지
이를
획수: **6** 부수: **至**

>>> 상형문자

至毒 지독
매우 독함

至誠 지성
지극한 정성

冬至 동지
이십사절기의 하나. 12월 22일경

夏至 하지
이십사절기의 하나. 6월 22일경

3
한자자격시험 3~4급

致 | 치
이를
획수: **10** 부수: **至**

>>>형성문자

至 + 夂(치)
'夂(치)'는 아래를 향한 발의 상형
'되돌아오다'의 뜻

致富 치부
재물을 모아 부자가 됨

致死 치사
죽음에 이르게 함

景致 경치

자연의 아름다운 모습

韻致 운치

고아한 품격을 갖춘 멋

誘致 유치

권하여 오게 함

車

수레 거/차

수레를 표현한 글자이다. 수레에서 가장 중요한 부분인 바퀴를 중심으로 나타내었다. 車자 부수에 속하는 한자는 일반적으로 수레와 관련이 있는 뜻을 지닌다.

11
한자자격시험 3~4급

輕 | 경

가벼울, 경솔할
획수: **14** 부수: **車**

>>> 형성문자

車 + 巠(경)

輕減 경감
덜어서 가볍게 함

輕擧妄動 경거망동
경솔하게 함부로 행동함

輕犯 경범
비교적 가벼운 범죄

輕率 경솔
언행이 진중하지 못하고 가벼움

輕視 경시
가볍게 봄. 깔봄

輕重 경중
가벼움과 무거움

12
한자자격시험 3~4급

較 | 교
비교할
획수: **13** 부수: **車**

>>> 형성문자

車 + 交(교)

較差 교차
최고와 최저의 차이

比較 비교
서로 견주어 봄

13
한자자격시험 3~4급

輪 | 륜
바퀴
획수: **15** 부수: **車**

>>> 형성문자

車 + 侖(륜)

輪廓 윤곽
❶ 둘레의 선. 테두리
❷ 사물의 대상

輪作 윤작
같은 경작지에 여러 농작물을 돌려가며 재배하는 경작법

輪廻 윤회
❶ 차례로 돌아감
❷ 불교에서, 중생의 영혼은 해탈할 때까지는 육체와 같이
  멸하지 않고 끝없이 돎을 이르는 말

年輪 연륜
❶ 나이테
❷ 한 해 한 해 쌓아 올린 역사

14
한자자격시험 3~4급

輩 | 배
무리
획수: **15** 부수: **車**

>>> 형성문자

車 + 非(비)
非의 전음이 음을 나타냄

輩出 배출
잇달아 많이 나옴

先輩 선배

나이, 학식 등이 자기보다 많거나 나은 사람

年輩 연배

나이가 서로 비슷한 사람

15

한자자격시험 3~4급

輸 | 수

보낼

획수: **16** 부수: **車**

>>> 형성문자

車 + 兪(유)

兪의 전음이 음을 나타냄

輸送 수송

기차, 자동차, 비행기 따위로 사람이나 물건을 실어 보냄

輸出 수출

❶ 실어서 내보냄
❷ 외국으로 재화를 팔아 실어 냄

空輸 공수

공중으로 실어 나름

運輸 운수

여객, 화물 등을 실어 나르는 일

16

한자자격시험 3~4급

轉 | 전

구를

획수: **18** 부수: **車**

>>> 형성문자

車 + 專(전)

轉勤 전근

근무처를 옮김

轉補 전보

동일한 직급 안에서, 다른 자리에 임용됨

轉向 전향

이제까지의 사상, 신념 등을 다른 것으로 바꿈

轉禍爲福 전화위복

화가 바뀌어 복이 됨

逆轉 역전

형세, 순위 등이 반대 상황으로 됨

回轉 회전

빙빙 돎 또는 돌림

17
한자자격시험 5~8급

車 | 거, 차

수레

획수: **7** 부수: **車**

>>> 상형문자

수레의 모양을 본뜸

車輛 차량

車窓 차창

停車 정차

駐車 주차

18
한자자격시험 5~8급

軍 | 군

군사

획수: **9** 부수: **車**

>>> 회의문자

冖[(=勹)에워쌈] + 車

'車'는 전차의 뜻

전차로 포위하는 모양에서 군대, 전쟁의 뜻을 나타냄

軍隊 군대 / **軍糧** 군량

軍備 군비 / **軍政** 군정

援軍 원군 / **從軍** 종군

국어 실력으로 이어지는 수(秀) 한자: 3-4급 하

제9장
그릇 관련 부수

皿

그릇 **명**

바닥이 낮고 둥근 발이 달려있는 그릇을 표현한 글자이다.

4
한자자격시험 3~4급

監 | 감
볼, 벼슬이름
획수: **14** 부수: **皿**

>>> 회의문자

臣 + 人 + 皿
'臣(산)'은 눈을 본뜬 것
사람이 물이 들어있는 동이를 들여다보는 모양에서, 거울에 비추어 보다의 뜻을 나타냄

監督 감독

감시하여 단속함, 또는 그런 일을 하는 사람

監査 감사

감독하고 검사함

監修 감수

문서(文書), 서책(書冊) 등의 저술이나 편집을 감독함

監視 감시

경계하여 지켜봄

收監 수감

감방에 가둠

出監 출감

감옥을 나옴

5

한자자격시험 3~4급

盜 | 도

도둑

획수: **12** 부수: 皿

>>> 회의문자

次[침] + 皿
그릇 속에 있는 음식을 보고 침을 흘리고 훔쳐먹음의 뜻

盜掘 도굴
고분(古墳) 따위를 몰래 파헤쳐 부장품을 훔치는 일

盜難 도난
물건을 도둑맞는 재난

盜聽 도청
몰래 엿들음

强盜 강도
폭행, 협박 등으로 남의 재물을 빼앗는 도둑

竊盜 절도
물건을 몰래 훔침

6

한자자격시험 3~4급

盟 | 맹

맹세할

획수: **13** 부수: 皿

>>> 형성문자

皿 + 明(명)
明의 전음이 음을 나타냄

盟誓 맹서/맹세
❶ 신불(神佛) 앞에서 약속함
❷ 굳게 다짐함 또는 그 다짐

盟約 맹약
맹세하여 약속함 또는 그 약속

盟主 맹주
동맹(同盟)의 중심이 되는 인물이나 단체

同盟 동맹
둘 이상이 같은 목적이나 이익을 위하여 행동을 같이하기로 맹세하는 일

血盟 혈맹

❶ 혈판(血判)을 찍어서 하는 맹세

❷ 굳은 맹세

皿 + 成(성)

盛衰 성쇠

성함과 쇠함

盛業 성업

사업이나 장사가 잘됨

盛行 성행

성하게 행하여짐

盛況 성황

성대하고 활기찬 모양

茂盛 무성

초목이 우거짐

豊盛 풍성

넉넉하고 많음

水 + 皿

그릇 위로 물이 넘치고 있는 모양

넘침의 뜻에서 더함의 의미가 됨

權益 권익

권리와 그에 따른 이익

損益 손익

손해와 이익

收益 수익

일이나 사업 등을 하여 얻는 이익

有益 유익

이익이 있음. 이로움

利益 이익

❶ 이롭고 도움이 되는 일
❷ 기업의 순소득

9
한자자격시험 3~4급

盡 | 진

다할

획수: **14** 부수: **皿**

>>> 회의문자

聿 + 皿

'聿(율)'은 솔을 손에 든 모양

그릇 속을 솔로 털어서 비우는 모양에서 '다하다'의 의미를 나타냄

盡力 진력

있는 힘을 다함

盡心 진심

마음을 다함

盡人事待天命 진인사대천명

인간으로서 할 수 있는 최선을 다하고 그 후는 천명에 맡김

極盡 극진

더할 수 없이 지극함

賣盡 매진

모조리 팔림

消盡 소진

다 써서 없어짐

139

缶

장군 **부**

방망이를 이용해 장군그릇이 만들어지는 모습을 표현한 글자이다.

1
한자자격시험 3~4급

缺 | 결
이지러질
획수: **10** 부수: **缶**

>>> 형성문자

缶 + 夬(결)
'缶(부)'는 항아리, '夬(결)'은 후벼내다의 뜻
항아리의 일부가 일그러지다의 뜻을 나타냄

缺席 결석

출석(出席)하지 않음

缺員 결원

정한 인원에서 모자람 또는 모자라는 인원

缺點 결점

잘못되거나 모자라는 점

缺乏 결핍

있어야 할 것이 없거나 부족함

缺陷 결함

흠이 있어 완전치 못함

缺航 결항

비행기나 선박이 정기적인 운항을 거름

140

血

피 **혈**

그릇[皿]에 희생물의 피가 담긴 모습을 표현한 글자이다.

1
한자자격시험 3~4급

衆 | 중
무리
획수: **12** 부수: **血**

>>> 회의문자

目 + 似[많은 사람]
많은 사람이 응시함의 뜻

衆寡不敵 중과부적

무리가 적어서 대적할 수 없음
'적은 수효로 많은 수효를 맞설 수 없음'을 이름.

衆口難防 중구난방

많은 사람의 입은 막기 어려움
'막기 어려울 정도로 여럿이 마구 지껄임'을 이름

衆論 중론

여러 사람의 의론(議論)

群衆 군중

한곳에 모여 있는 많은 사람의 무리

聽衆 청중

강연이나 설교 따위를 듣는 사람들

2
한자자격시험 5~8급

血 | 혈

피

획수: **6** 부수: 血

>>> 상형문자

血氣 혈기

血壓 혈압

血緣 혈연

血肉 혈육

血鬪 혈투

出血 출혈

141

豆

콩 두

제사를 지낼 때에 사용된 굽 높은 그릇을 표현한 글자이다.

2
한자자격시험 3~4급

豆 | 두
콩

획수: **7** 부수: **豆**

>>> 상형문자

豆腐 두부
콩을 갈아 익힌 후 간수를 쳐서 엉기게 한 음식

豆乳 두유
진한 콩국

3
한자자격시험 3~4급

豐 | 풍
풍년

획수: **18** 부수: **豆**

>>> 회의문자

제사 그릇인 됴(두) 위에 물건을 가득 담아 놓은 모습에서 '많다', '풍부하다'의 뜻이 나옴

豐年 풍년
농사가 잘된 해

豐富 풍부
넉넉하고 많음

豐盛 풍성
넉넉하고 흥성흥성함

豐作 풍작

풍년이 들어 잘된 농사

豐足 풍족

넉넉하여 충분함

大豐 대풍

곡식이 썩 잘된 풍작

酉

닭 유

배가 불룩하고 입이 좁은 술 담는 그릇을 표현한 글자이다.
酉자 부수에 속하는 한자는 그 뜻이 술과 관련이 있다.

6

配 | 배

짝

획수: **10** 부수: **酉**

>>> 형성문자

酉 + 己(기)
己의 전음이 음을 나타냄

配給 배급
분배하여 공급함

配當 배당
사물을 알맞게 벼름 또는 그 액수나 양

配慮 배려
이리저리 마음을 씀

配定 배정
나누어 몫을 정함

交配 교배
생물을 인공적으로 짝 지어 수정(受精)시키는 일

分配 분배
몫몫이 나누어줌

7

한자자격시험 3~4급

酉 | 유

닭, 열째지지

획수: **7** 부수: **酉**

>>> 상형문자

酉時 유시

❶ 십이시의 열째 시

❷ 이십사시의 열아홉째 시

8

한자자격시험 3~4급

醫 | 의

의원

획수: **18** 부수: **酉**

>>> 회의문자

殹[나쁜 모양] + 酉[술]
옛날에는 술을 사용해서 병을 고쳤음

醫師 의사
병을 치료하는 것을 업으로 삼는 사람

醫術 의술
병을 낫게 하는 기술

醫學 의학
질병과 그 치료, 예방 등에 관하여 연구하는 학문

名醫 명의
이름난 의사

獸醫 수의
가축의 병을 치료하는 의사

한자자격시험 3~4급

酒 | 주

술

획수: **10** 부수: **酉**

>>> 회의문자

氵[(=水)액체] + 酉[술단지]

酒量 주량

술을 마시는 분량

酒邪 주사

술에 취하여 부리는 못된 버릇

酒色 주색

술과 여색(女色)

酒池肉林 주지육림

술을 못을 이루고 고기는 숲을 이룸
'호사스러운 술잔치'를 이름

飮酒 음주

술을 마심

밥 식

뚜껑이 있는 둥그런 그릇에 담긴 밥을 표현한 글자이다.
食자 부수에 속하는 한자는 주로 음식물이나 음식물을 먹는 행위와 관련된 뜻을 지닌다.

7
한자자격시험 3~4급

飯 | 반
밥
획수: **13** 부수: **食**

>>> 형성문자

食 + 反(반)

飯店 반점
밥을 파는 가게. '음식점'을 중국식으로 이르는 말

飯酒 반주
밥에 곁들여 마시는 술

白飯 백반
❶ 흰밥
❷ 흰밥에 국과 반찬을 곁들여 파는 한 상의 음식

殘飯 잔반
먹다 남은 밥

朝飯 조반
아침밥

8
한자자격시험 3~4급

餓 | 아
주릴
획수: **16** 부수: **食**

>>> 형성문자

食 + 我(아)

餓死 아사
굶어 죽음

국어 실력으로 이어지는 수(秀) 한자: 3-4급 하

饑餓 기아
굶주림

食 + 羊(양)

養老 양로
노인을 받들어 모심

養兵 양병
군사를 양성함

養成 양성
교육, 훈련 등으로 인재를 길러 냄

養殖 양식
물고기, 굴, 김 등을 기르고 번식시키는 일

養育 양육
길러서 자라게 함

扶養 부양
생활 능력이 없는 이를 돌봄

9
한자자격시험 3~4급

養 | 양

기를, 받들
획수: **15** 부수: **食**

>>> 형성문자

10
한자자격시험 3~4급

餘 | 여

남을
획수: **16** 부수: **食**

>>> 형성문자

食 + 余(여)

餘暇 여가
남은 시간

餘裕 여유
넉넉하고 남음이 있음

餘波 여파

❶ 큰 물결에 뒤이어 이는 작은 물결

❷ 어떤 일이 끝난 뒤에 주위에 미치는 영향

餘恨 여한

풀지 못하고 남은 원한

剩餘 잉여

쓰고 난 나머지

殘餘 잔어

남아 있는 것

11
한자자격시험 5~8급

食 | 식,사
밥, 먹일
획수: **9** 부수: **食**

>>> 상형문자

食口 식구 / **食事** 식사

食慾 식욕 / **食用** 식용

飮食 음식 / **飽食** 포식

12
한자자격시험 5~8급

飮 | 음
마실
획수: **13** 부수: **食**

>>> 회의문자

食 + 欠(흠)

입을 벌리고[欠] 음식물을 먹는다[食]는 뜻

飮毒 음독 / **飮料** 음료

飮食 음식 / **飮酒** 음주

過飮 과음 / **試飮** 시음

제10장
기물 관련 부수

147

力

힘 력

땅을 파는 원시적인 형태의 쟁기를 표현한 글자이다.
力자를 부수로 삼는 한자는 대부분 무엇인가 힘들여 행한다는 뜻
과 관련이 있다.

6
한자자격시험 3~4급

加 | 가
더할
획수: **5** 부수: **力**

>>> 회의문자

力 + 口

加減 가감
보탬과 뺌

加擔 가담
❶ 어떤 일이나 무리에 한몫 낌
❷ 편이 되어 힘을 보탬

加入 가입
단체나 조직에 들어감

加重 가중
더 무거워짐

倍加 배가
갑절로 늘어남

追加 추가
나중에 더하여 보탬

7

한자자격시험 3~4급

勸 | 권

권할

획수: **20** 부수: **力**

>>> 형성문자

力 + 雚(관)

雚의 전음이 음을 나타냄

勸告 권고

타일러 권함

勸善懲惡 권선징악

착한 행실을 권하고 악한 행실을 징계함

勸誘 권유

어떤 일을 하도록 권하거나 달램

勸學 권학

학문에 힘쓰도록 권함

强勸 강권

억지로 권함

8

한자자격시험 3~4급

努 | 노

힘쓸

획수: **7** 부수: **力**

>>> 형성문자

力 + 奴(노)

努力 노력

힘을 씀. 힘을 다함

9

한자자격시험 3~4급

動 | 동

움직일

획수: **11** 부수: **力**

>>> 형성문자

力 + 重(중)

重의 전음이 음을 나타냄

動機 동기

어떤 사태나 행동을 일으키게 하는 계기

動亂 동란

폭동, 반란, 전쟁 등으로 사회가 질서 없이 소란해짐

動態 동태

움직여 변해 가는 상태

擧動 거동

몸을 움직이는 짓이나 태도

騷動 소동

여럿이 소란을 피움

力 + 熒(형)

熒은 熒의 생략형으로 '불을 지핀다'의 뜻

불이 꺼지지 않도록 힘쓰므로 '수고롭다'는 의미

勞苦 노고

힘들여 애쓰는 수고

勞動 노동

몸을 움직여 일을 함

勞使 노사

노동자와 사용자

心焦思 노심초사

마음을 괴롭히고 속을 태움

勤勞 근로

부지런히 일함

慰勞 위로

고달픔을 풀도록 따뜻하게 대하여 줌

11

한자자격시험 3~4급

勉 | 면

힘쓸

획수: **9** 부수: **力**

>>> 형성문자

力 + 免(면)

勉學 면학

학문에 힘씀

勤勉 근면

부지런히 힘씀

12

한자자격시험 3~4급

募 | 모

모을

획수: **13** 부수: **力**

>>> 형성문자

力 + 莫(모)

'莫'는 '구하다'의 뜻

애써 널리 구하다의 뜻에서 '모집하다'의 의미를 나타냄

募金 모금

기부금을 모음

募兵 모병

군대에서 병사를 뽑음

募集 모집

널리 구하여 모음

公募 공모

널리 공개하여 모집함

應募 응모

모집에 응함

13

한자자격시험 3~4급

務 | 무

힘쓸

획수: **11** 부수: **力**

>>> 형성문자

力 + 敄(무)

公務 공무

공적(公的)인 일

107

用務 용무

볼일

義務 의무

마땅히 해야 할 직분

職務 직무

맡아서 하는 일

14
한자격시험 3~4급

勢 | 세

형세

획수: **13** 부수: **力**

>>> 형성문자

力 + 執(예)

執의 전음이 음을 나타냄

勢力 세력

❶ 권세의 힘
❷ 현재 진행되는 힘이나 기세

權勢 권세

권력과 세력

情勢 정세

일이 되어가는 형세

形勢 형세

일의 형편이나 상태

15
한자격시험 3~4급

勤 | 근

부지런할

획수: **13** 부수: **力**

>>> 형성문자

力 + 堇(근)

勤儉 근검

부지런하고 검소함

국어 실력으로 이어지는 수(秀) 한자: 3-4급 하

勤勞 근로

부지런히 일함

勤務 근무

직장에 적을 두고 일을 맡아 함

勤續 근속

한 직장에서 장기간 계속 근무함

皆勤 개근

일정한 기간 동안 하루도 빠짐없이 출근하거나 출석함

缺勤 결근

근무해야 할 날에 나오지 않고 빠짐

16
한자자격시험 3~4급

助 | 조

도울

획수: **7** 부수: **力**

>>> 형성문자

力 + 且(저)
且의 전음이 음을 나타냄

助言 조언

거들거나 일깨워 주는 말

助演 조연

연극, 영화에서 주인공을 도와서 연기함 또는 그 사람

助長 조장

의도적으로 어떤 경향이 더 심해지도록 도와서 북돋움

援助 원조

도와줌

協助 협조

남의 일을 도와줌

力 + 工(공)

17

한자자격시험 5~8급

功 | 공
공

획수: **5** 부수: **力**

>>> 형성문자

功過 공과 / **功德** 공덕 / **功勞** 공로 / **武功** 무공

18

한자자격시험 5~8급

力 | 력
힘

획수: **2** 부수: **力**

>>> 상형문자

力量 역량 / **力說** 역설 / **力作** 역작 / **力點** 역점

能力 능력 / **魅力** 매력

19

한자자격시험 5~8급

勝 | 승
이길

획수: **12** 부수: **力**

>>> 회의문자

力 + 朕
'朕(짐)'은 위를 향하여 올리다의 뜻
파생하여 '이기다'의 의미를 나타냄

勝機 승기 / **勝算** 승산 / **勝訴** 승소 / **勝敗** 승패

決勝 결승 / **壓勝** 압승

20

한자자격시험 5~8급

勇 | 용
날랠

획수: **9** 부수: **力**

>>> 형성문자

力 + 甬(용)

勇氣 용기 / **勇斷** 용단 / **勇猛** 용맹 / **勇士** 용사

勇退 용퇴

장인 공

장인이 사용하는 물건을 표현한 글자이다.

3
한자자격시험 3~4급

巨 | 거
클
획수: **5** 부수: **工**

>>> 상형문자

손잡이가 달린 커다란 자의 모양
가차하여 '크다'의 뜻으로 씀

巨軀 거구
큰 몸뚱이

巨金 거금
큰돈

巨物 거물
큰 인물이나 물건

巨富 거부
큰 부자

巨儒 거유
이름난 유학자(儒學者)

巨匠 거장
예술, 과학, 기술 등의 분야에서 특히 뛰어난 사람

4

한자자격시험 3~4급

差 | 차, 치

어긋날, 병나을,
보낼 / 충질

획수: **10** 부수: **工**

>>> 회의문자

羊 + 左

羊[늘어진 꽃술의 끝이 맞지 않음]과 左[손가락의 길이가 맞지 않음]. 어긋남의 뜻

差減 차감

비교하여 덜어 냄

差度 차도

병이 나아가는 정도

差別 차별

차이가 나게 나눠 가름

差異 차이

서로 다름

隔差 격차

수준 따위의 차이

快差 쾌차

병이 다 나음

한자자격시험 5~8급

工 | 공

장인

획수: **3** 부수: **工**

>>> 상형문자

옛날 사람들이 사각형을 그릴 때 쓰던 도구를 그린 것

工具 공구

工事 공사

工業 공업

工藝 공예

人工 인공

竣工 준공

6

左 | 좌

왼

획수: **5** 부수: **工**

>>> 상형문자

왼손을 그린 것이다

左顧右眄 좌고우면

左腕 좌완

左右 좌우

左遷 좌천

몸 기

실이나 줄을 표현한 글자로 보인다.

3

한자격시험 3~4급

巳 | 사

뱀, 여섯째지지

획수: **3** 부수: **己**

>>> 상형문자

뱀의 모양을 본뜸

巳時 사시

❶ 십이시의 여섯째 시

❷ 이십사시의 열한째 시

4

한자격시험 3~4급

已 | 이

이미

획수: **3** 부수: **己**

>>> 상형문자

농경도구인 쟁기의 모양을 본뜸
'그치다', '이미'의 뜻으로 차용됨

已往 이왕

지나간 때

不得已 부득이

마지못해. 하는 수 없이

5

한자격시험 5~8급

己 | 기

몸

획수: **3** 부수: **己**

>>> 상형문자

自己 자기

知己 지기

150

巾 수건 **건**

아래로 늘어진 수건을 표현한 글자이다.
巾자 부수에 속한 한자는 흔히 베나 천과 같은 방직물과 관련된
뜻을 지닌다.

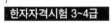

7
한자자격시험 3~4급

帶 | 대
띠
획수: **11** 부수: **巾**

>>> 상형문자

띠에 패옥이 달려있는 모습을 그린 것이다

帶同 대동
데리고 함께 감

玉帶 옥대
옥으로 만든 띠

携帶 휴대
어떤 물건을 몸에 지님

8
한자자격시험 3~4급

師 | 사
스승
획수: **10** 부수: **巾**

>>> 회의문자

自 + **帀**

師範 사범
❶ 스승이 될 만한 모범
❷ 학술, 무술 등을 가르치는 사람

師事 사사
스승으로 섬김 또는 스승으로 섬겨 가르침을 받음

師弟 사제
스승과 제자

師表 사표

학식과 인격이 높아 남의 모범이 됨, 또는 그런 사람

技師 기사

전문 지식을 요하는 특별한 기술을 맡아 보는 사람

巾 + 尙(상)

常設 상설

항상 마련해 둠

常識 상식

보통 사람이 으레 지닌 일반적 지식이나 판단력

常任 상임

일정한 직무를 늘 계속하여 맡음

常駐 상주

늘 주둔해 있음

恒常 항상

늘. 언제나

通常 통상

특별하지 않고 보통임

巾 + 長(장)

帳幕 장막

둘러치는 휘장(揮帳)

9
한자자격시험 3~4급

常 | 상
항상
획수: **11** 부수: **巾**
>>> 형성문자

10
한자자격시험 3~4급

帳 | 장
휘장
획수: **11** 부수: **巾**
>>> 형성문자

帳簿 장부

금품의 수입, 지출 등에 관한 것을 적은 수첩(手帖)

記帳 기장

장부에 적음

揮帳 휘장

여러 폭의 피륙을 이어서 만든 둘러치는 막

꽃받침을 그린 것

11
한자자격시험 3~4급

帝 | 제

임금

획수: **9** 부수: **巾**

>>> 상형문자

帝位 제위

제왕의 자리

帝政 제정

황제가 다스리는 정치

上帝 상제

하느님

皇帝 황제

제국(帝國)의 군주

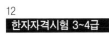

12
한자자격시험 3~4급

布 | 포

베

획수: **5** 부수: **巾**

>>> 형성문자

巾 + 父[(=ナ)부]

父의 전음이 음을 나타냄

布告 포고

국가의 결정 의사를 공식으로 일반에게 알림

布敎 포교

종교를 널리 폄

布施 포시/보시

절이나 가난한 사람들에게 돈이나 물품을 베풂

公布 공포

일반에게 널리 알림

宣布 선포

세상에 널리 알림

13
한자자격시험 3~4급

希 | 희

바랄

획수: **7** 부수: **巾**

>>> 회의문자

巾 + 爻[선이 교차한 모양]

직조한 천의 뜻

希望 희망

앞일에 대하여 기대를 가지고 바람

14
한자자격시험 5~8급

巾 | 건

수건

획수: **3** 부수: **巾**

>>> 상형문자

頭巾 두건 / **手巾** 수건

15
한자자격시험 5~8급

席 | 석

자리

획수: **10** 부수: **巾**

>>> 형성문자

巾 + 庶(서)

'庶'는 藉(자)와 통하여 풀을 엮은 '깔개'의 뜻

待罪 석고대죄 / **首席** 수석

座席 좌석 / **着席** 착석 / **出席** 출석

16
한자자격시험 5~8급

市 | 시
저자
획수: **5** 부수: **巾**

>>> 회의문자

冂[경계] + 乀[及의 옛글자] + 止[之 갈 지]

市價 시가

市街 시가

市民 시민

市場 시장

撤市 철시

151

말 두

곡식의 양을 재는데 사용하는 기구를 표현한 글자이다.

斗 | 두
말
획수: **4** 부수: **斗**
>>> 상형문자

물건의 양을 잴 때 쓰던, 자루가 달린 용기를 그린 것

斗穀 두곡
한 말 가량 되는 곡식

泰斗 태두
❶ 태산(泰山)과 북두성(北斗星)
❷ '어떤 방면에서 썩 권위가 있는 사람'의 비유

料 | 료
헤아릴
획수: **10** 부수: **斗**
>>> 회의문자

米 + 斗
자루가 달린 용기인 斗(두)를 가지고 米[쌀]의 양을 헤아리다, 세다의 의미

料金 요금
사물을 사용, 관람하거나 남의 힘을 빌린 대가로 치르는 돈

料理 요리
❶ 일을 처리함
❷ 음식물을 만듦 또는 그 음식

無料 무료

값을 받지 않음

思料 사료

생각하여 헤아림

原料 원료

물건을 만드는 데 바탕이 되는 재료

材料 재료

❶ 물건을 만드는 감
❷ 일을 하거나 이루는 거리

方

모 **방**

끝 부분이 두 개의 날로 갈라져 있는 쟁기를 표현한 글자이다.

4
한자자격시험 3~4급

旗 | 기

기

획수: **14** 부수: **方**

>>> 형성문자

㫃 + 其(기)

旗手 기수

❶ 행렬 등의 앞에서 기를 드는 사람

❷ '단체 활동의 대표로서 앞장서는 사람'의 비유

旗幟 기치

❶ 지난날, 군중(軍中)에서 쓰던 기(旗), 또는 기(旗)에 나타난 표지

❷ 어떤 목적을 위하여 표명하는 주의나 주장

國旗 국기

국가를 상징하는 기

反旗 반기

체제에 반항하는 뜻으로 내세운 기

白旗 백기

❶ 흰 기

❷ 항복의 뜻으로 세우는 흰 기

5

한자자격시험 3~4급

旅 | 려

나그네

획수: **10** 부수: **方**

>>> 회의문자

㫃[깃발] + 从[사람의 모임]

많은 사람이 군기를 앞세우고 가다의 뜻에서 '군대', '여행'의 의미가 됨

旅客 여객

여행하는 사람

旅館 여관

여객을 묵게 하는 집

旅券 여권

외국에 여행하는 사람의 신분, 국적을 증명하는 문서

旅毒 여독

여행으로 쌓인 피로

旅行 여행

다른 고장이나 나라에 나다니는 일

6

한자자격시험 3~4급

施 | 시, 이

베풀, 옮길

획수: **9** 부수: **方**

>>> 형성문자

㫃 + 也(야)

也의 전음이 음을 나타냄

施賞 시상

상을 줌

施設 시설

도구, 장치 따위를 베풀어 차리거나 설치한 구조물

施術 시술

수술을 함

施政 시정

국가의 정무를 시행함

施行 시행

실제로 행함

實施 실시

실제로 시행함

於 | 어, 오

어조사, 탄식할

획수: **8** 부수: **方**

>>> 가차문자

본래 烏[까마귀 오]의 古字(고자)
가차하여 어조사로 쓰임

嗚呼 오호

감탄하는 소리

方 | 방

모

획수: **4** 부수: **方**

>>> 상형문자

方法 방법 / **方式** 방식

方位 방위 / **方向** 방향

近方 근방 / **處方** 처방

族 | 족

겨레

획수: **11** 부수: **方**

>>> 회의문자

㫃[깃발] + 矢[화살]
군기 아래에 화살이 모이다의 뜻
전하여 같은 종류의 것이 모임을 나타냄

族閥 족벌 / **族譜** 족보

民族 민족 / **種族** 종족

親族 친족

구슬 옥  구슬옥변

끈에 몇 개의 구슬이 꿰어진 모양을 표현한 글자이다.
玉자를 부수로 삼는 한자는 옥으로 만들어진 물건과 관계된 뜻을 지닌다.

10

한자자격시험 3~4급

班 | 반

나눌

획수: **10** 부수: **玉**

>>> 회의문자

珏 + 刀

'珏(각)'은 둘로 나눈 옥의 뜻
칼로 옥을 쪼개다에서 '나누다'의 의미가 됨

班長 반장
반(班)의 우두머리

分班 분반
둘 또는 그 이상의 반(班)으로 나눔

兩班 양반
❶ 조선시대의 동반(東班)과 서반(西班)
❷ 조선 중기 이후에, 지체나 신분이 높은 사대부 계층을
   이르던 말

11

한자자격시험 3~4급

珍 | 진

보배

획수: **9** 부수: **玉**

>>> 형성문자

王 + 㐱(진)

珍技 진기
매우 보기 드문 기술

珍味 진미
아주 좋은 맛

珍羞盛饌 진수성찬

썩 맛이 좋고 잘 차린 음식

12

한자자격시험 3~4급

現 | 현

나타날

획수: **11** 부수: **玉**

>>> 형성문자

王 + 見(현)

現金 현금

❶ 현재 가지고 있는 돈

❷ 실제로 통용되는 화폐

現代 현대

오늘날의 시대

現象 현상

관찰할 수 있는 사물의 모양이나 상태

現在 현재

이제. 지금

具現 구현

어떤 사실을 구체적인 모양으로 나타냄

出現 출현

나타남

13

한자자격시험 3~4급

環 | 환

고리

획수: **17** 부수: **玉**

>>> 형성문자

王 + 睘(환)

'睘'은 돌다의 뜻. 고리모양의 옥의 뜻을 나타냄

環境 환경

생활체를 둘러싸고 있는 자연 또는 사회의 형편

循環 순환

부단히 주기적으로 반복하여 돎 또는 그 과정

花環 화환

조화나 생화를 모아 고리 모양으로 만든 것

14
한자격시험 5~8급

理 | 리
다스릴

획수: **11** 부수: **玉**

>>> 형성문자

王 + 里(리)

理論 이론 / **理想** 이상

理性 이성 / **理解** 이해

論理 논리 / **道理** 도리

15
한자격시험 5~8급

玉 | 옥
옥

획수: **5** 부수: **玉**

>>> 상형문자

구슬 세 개[三]를 나란히 엮어 놓은[l] 모양을 그린 것

玉童子 옥동자

玉璽 옥새

玉石 옥석

玉座 옥좌

16
한자격시험 5~8급

王 | 왕
임금

획수: **4** 부수: **玉**

>>> 상형문자

고대 중국에서 지배권의 상징으로 쓰인 큰 도끼의 상형
'임금'의 뜻을 나타냄

王道 왕도

王座 왕좌

王后 왕후

君王 군왕

쓸 용

겉에 무늬가 새겨진 용종(甬鐘)을 표현한 글자로 보인다.

2
한자자격시험 5~8급

用 | 용

쓸

획수: **5** 부수: **用**

>>> 상형문자

用例 용례

用語 용어

用意周到 용의주도

登用 등용

作用 작용

重用 중용

157

石

돌 석

예리하게 만든 모난 돌과 네모난 돌을 함께 표현한 글자로 보인다. 石자 부수에 속하는 한자는 암석의 종류나 성질 또는 돌로 만들어진 기물등과 관련된 뜻을 지닌다.

9
한자자격시험 3~4급

硬 | 경

굳을

획수: **12** 부수: **石**

>>> 형성문자

石 + 更(경)

硬直 경직

굳어서 꼿꼿해짐

强硬 강경

타협이나 굽힘이 없이 힘차고 굳셈

生硬 생경

❶ 낯설고 딱딱하여 익숙하지 못함
❷ 세련되지 못함

10
한자자격시험 3~4급

硏 | 연

갈, 벼루

획수: **9** 부수: **石**

>>> 형성문자

石 + 幵(견)
幵의 전음이 음을 나타냄

硏究 연구

사물을 깊이 생각하고 자세히 조사하여 어떤 이치, 사실을 밝혀냄

硏磨 연마

갈고 닦음

研修 연수

그 분야의 지식, 기능을 익히도록 특별한 공부를 함

<table>
<tr>
<td>
11
한자자격시험 3~4급

礎 | 초
주춧돌
획수: **18** 부수: **石**
>>> 형성문자
</td>
<td>
石 + 楚(초)

礎石 초석
주추로 괸 돌. 주춧돌

基礎 기초
❶ 건축물의 토대
❷ 사물의 밑바탕
</td>
</tr>
</table>

<table>
<tr>
<td>
12
한자자격시험 3~4급

破 | 파
깨뜨릴
획수: **10** 부수: **石**
>>> 형성문자
</td>
<td>
石 + 皮(피)
皮의 전음이 음을 나타냄

破棄 파기
❶ 없애 버림
❷ 취소하여 무효로 함

破滅 파멸
깨어져 망함

破産 파산
가산을 모두 날려버림

破裂 파열
짜개지거나 갈라져 터짐

破竹之勢 파죽지세
대나무를 쪼개는 기세
'거침없이 나아가는 맹렬한 기세'의 비유
</td>
</tr>
</table>

국어 실력으로 이어지는 수(秀) 한자: 3-4급 하

讀破 독파

책을 다 읽어 냄

13
한자자격시험 3~4급

確 | 확

확실할

획수: **15** 부수: **石**

>>> 형성문자

石 + 隺(학)

隺의 전음이 음을 나타냄

確固 확고

확실하고 단단함

確立 확립

굳게 세움

確信 확신

확실히 믿음

確認 확인

확실하게 인정함

明確 명확

분명하고 확실함

正確 정확

바르고 확실함

14
한자자격시험 5~8급

石 | 석

돌

획수: **5** 부수: **石**

>>> 상형문자

石工 석공 / **石器** 석기

石像 석상 / **石材** 석재

壽石 수석 / **採石** 채석

보일 시

신(神)이나 하늘에 제사를 지낼 때에 사용된 제단을 표현한 글자이다. 示자 부수에 속하는 한자는 신을 숭배하는 활동과 관련이 깊은 뜻을 지닌다.

9
한자자격시험 3~4급

禁 | 금
금할
획수: **13** 부수: **示**

>>> 회의문자

示 + 林
'示(시)'는 신의 뜻
'林(림)'은 수풀의 뜻
수풀에 덮인 성역의 뜻을 나타낸다

禁忌 금기
꺼리어 금하거나 피함

禁慾 금욕
욕망을 억제함

禁止 금지
금하여 못하게 함

監禁 감금
가두어서 신체의 자유를 속박함

拘禁 구금
신체의 자유를 구속하여 일정한 장소에 감금함

10

한자자격시험 3~4급

祈 | 기

빌

획수: **9** 부수: **示**

>>> 형성문자

示 + 斤(근)

斤의 전음이 음을 나타냄

祈禱 기도

바라는 바가 이루어지기를 신불(神佛)에게 빎

祈雨祭 기우제

비가 오지 않을 때 비가 오기를 비는 제사

祈願 기원

소원이 이루어지길 빎

11

한자자격시험 3~4급

福 | 복

복

획수: **14** 부수: **示**

>>> 형성문자

示 + 畐(복)

'畐'은 신에게 바치는 술통의 뜻. 신에게 술을 바치며 행복해지기를 빌다의 뜻에서, 복의 뜻을 나타냄

福祉 복지

❶ 행복

❷ 만족할 만한 생활환경

薄福 박복

복이 적음

祝福 축복

행복을 축원함

幸福 행복

생활에서 충분히 만족하여 즐거운 상태

12
한자자격시험 3~4급

祀 | 사
제사지낼
획수: **8** 부수: **示**

>>> 형성문자

示 + 巳(사)

告祀 고사
음식을 차려 놓고 신에게 비는 제사

祭祀 제사
신령에게 음식을 바치어 정성을 표하는 의식

13
한자자격시험 3~4급

社 | 사
모일
획수: **8** 부수: **示**

>>> 형성문자

示 + 土(토)
'土'는 농경 집단이 공동으로 제사지내는 농토의 신의 뜻

社員 사원
회사에 근무하는 사람

社說 사설
신문 등에서 그 사(社)의 주장으로서 싣는 논설

社會 사회
❶ 공동생활을 하는 인류의 집단
❷ 세상

會社 회사
상행위, 영리를 목적으로 설립한 사단 법인

14
한자자격시험 3~4급

祥 | 상
상서로울
획수: **11** 부수: **示**

>>> 형성문자

示 + 羊(양)
羊의 전음이 음을 나타냄

祥瑞 상서
길한 일이 일어날 징조

국어 실력으로 이어지는 수(秀) 한자: 3-4급 하

15

한자자격시험 3~4급

祭 | 제

제사

획수: **11** 부수: **示**

>>> 회의문자

又[손] + 夕[고기] + 示
손에 고기를 들고 신에게 바침의 뜻이다

祭物 제물

❶ 제사에 쓰이는 음식

❷ '어떠한 것 때문에 희생됨'의 비유

祭典 제전

❶ 제사의 의식

❷ 성대히 열리는 예술, 체육 등의 행사

祭政一致 제정일치

제사와 정치가 일치하는 정치 형태

祝祭 축제

경축하여 벌이는 큰 잔치나 행사

16

한자자격시험 3~4급

祝 | 축

빌

획수: **10** 부수: **示**

>>> 회의문자

示 + 儿[사람] + 口[입]
신을 섬기며 축문을 외는 사람의 뜻

祝福 축복

행복을 빎

祝辭 축사

축하하는 말이나 글

祝賀 축하

경축하고 치하함

慶祝 경축

경사를 축하함

奉祝 봉축

삼가 축하함

票 | 丑
표
획수: **11** 부수: **示**

>>> 회의문자

覂의 생략형 + 火
불꽃이 튐의 뜻

票決 표결
투표로 가부를 결정함

開票 개표
투표의 결과를 조사함

賣票 매표
표를 삼

投票 투표
선거, 의결을 할 때 용지에 표를 하여 함 따위에 넣는 일

禮 | 례
예
획수: **18** 부수: **示**

>>> 회의문자

示[신] + 豊[제물을 제기에 담은 모양]
신전에 제물을 차려 경의를 나타냄의 뜻

禮拜 예배 / **禮遇** 예우

禮儀 예의 / **禮節** 예절

缺禮 결례 / **謝禮** 사례

示 | 시
보일
획수: **5** 부수: **示**

>>> 상형문자

示範 시범 / **示唆** 시사

揭示 게시 / **暗示** 암시

表示 표시

20

한자자격시험 5~8급

神 | 신

귀신

획수: **10** 부수: **示**

>>> 형성문자

示 + 申(신)

神靈 신령 / **神祕** 신비

神仙 신선 / **神出鬼沒** 신출귀몰

鬼神 귀신 / **精神** 정신

21

한자자격시험 5~8급

祖 | 조

할아비

획수: **10** 부수: **示**

>>> 형성문자

示 + 且(조)
고기를 얹어놓은 제기를 본뜬 것
제물을 바쳐 제사지내는 조상의 뜻을 나타냄

祖國 조국

祖上 조상

先祖 선조

始祖 시조

元祖 원조

159 臼

절구 구

속이 울퉁불퉁한 단순한 형태의 절구를 표현한 글자이다.

1
한자자격시험 3~4급

舊 | 구
옛
획수: **18** 부수: **臼**

>>> 형성문자

萑 + 臼 (구)

舊怨 구원
오래된 원한

舊正 구정
음력설이나 정월

舊態 구태
예전 그대로의 모습

復舊 복구
예전 상태대로 고침

親舊 친구
오랜 세월을 두고 가깝게 사귄 벗

2
한자자격시험 3~4급

與 | 여
줄, 참여할
획수: **14** 부수: **臼**

>>> 형성문자

牙 + 口 + 舁(여)

與件 여건
주어진 조건

국어 실력으로 이어지는 수(秀) 한자: 3-4급 하

與否 여부

그러함과 그렇지 않음

關與 관여

관계하여 참여함

寄與 기여

남에게 이바지함

授與 수여

증서, 상품 따위를 줌

參與 참여

참가하여 관계함

3

한자자격시험 3~4급

興 | 흥

일, 흥겨울

획수: **16** 부수: **臼**

>>> 회의문자

舁 + 同

'舁(여)'는 네 손으로 물건을 들다의 뜻

'同(동)'은 합하다의 뜻

힘을 합하여 물건을 들어 올리다의 의미

興亡 흥망

흥기(興起)와 멸망(滅亡)

興味 흥미

❶ 흥을 느끼는 재미

❷ 대상에 이끌려 관심을 가지는 감정

興盡悲來 흥진비래

즐거운 일이 다하면 슬픈 일이 옴

'세상일은 좋고 나쁜 것이 돌고 돎'을 이름

興趣 흥취

흥겨운 멋과 취미

復興 부흥

쇠하였던 것이 다시 일어남, 또는 쇠하였던 것을 다시 일으킴

振興 진흥

떨쳐 일어남

舟

배 주

배를 표현한 글자이다. 舟자 부수에 속하는 한자는 일반적으로 배와 관련된 뜻을 지니다.

4
한자자격시험 3~4급

般 | 반
옮길, 돌이킬

획수: **10** 부수: **舟**

>>> 회의문자

舟 + 殳
'舟(주)'는 '배'의 뜻
'殳(수)'는 동작을 가하는 것을 뜻함
큰 배를 움직이는 모양에서 '나르다', '옮기다'의 의미를 나타냄

萬般 만반
모든 일

一般 일반
어떤 공통되는 요소가 전체에 두루 미치고 있는 것

全般 전반
여러 가지 것의 전부

5
한자자격시험 3~4급

船 | 선
배

획수: **11** 부수: **舟**

>>> 형성문자

舟 + 㕣(연)
㕣의 전음이 음을 나타냄

船舶 선박
'배'의 총칭

船員 선원

'배에서 일을 보는 사람'의 총칭

船積 선적

선박에 화물을 싣는 일

魚船 어선

고기잡이배

造船 조선

배를 건조함

배를 그린 것

方舟 방주

네모난 배

扁舟 편주

작은 배. 거룻배. 쪽배

虛舟 허주

빈 배

舟 + 亢(항)

航空 항공

비행기나 비행선으로 공중을 비행함

航路 항로

배, 비행기가 다니는 길

航海 항해

배를 타고 바다를 다니거나 건넘

出航 출항

비행기나 배가 출발함

就航 취항

배나 비행기가 항로(航路)에 오름

옷 의

 옷의변

위에 입는 옷을 표현한 글자이다. 글자에서 왼쪽에 사용될 때는 衤으로 쓰이는데 '옷의변'이라한다. 衣자 부수에 속하는 한자는 대개 옷과 관계된 뜻을 지닌다.

12
한자자격시험 3~4급

補 │ 보
기울
획수: **12** 부수: **衣**

>>> 형성문자

衤 + 甫(보)

補强 보강
보충하여 더 강하게 함

補闕 보궐
빈자리를 채움

補給 보급
물자를 대어 줌

補充 보충
모자람을 보태어 채움

轉補 전보
동일한 직급 안에서 다른 자리에 임용함

13
한자자격시험 3~4급

複 │ 복
겹칠
획수: **14** 부수: **衣**

>>> 형성문자

衤 + 复(복)

複寫 복사
사진이나 문서 따위를 본디 것과 똑같이 박는 일

複製 복제

그대로 본떠 다시 만듦

複合 복합

둘 이상을 하나로 합함

重複 중복

거듭함. 겹침

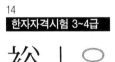

14
한자자격시험 3~4급

裕 | 유

넉넉할

획수: **12** 부수: **衣**

>>> 형성문자

衤 + 谷(곡)

谷의 전음이 음을 나타냄

裕福 유복

살림이 넉넉함

富裕 부유

재물이 넉넉함

餘裕 여유

살림이 넉넉하고 남음이 있음

15
한자자격시험 3~4급

裝 | 장

꾸밀

획수: **13** 부수: **衣**

>>> 형성문자

衣 + 壯(장)

葬備 장비

❶ 필요한 용구를 갖추어 차림

❷ 장치와 설비

裝飾 장식

아름답게 꾸밈 또는 그 꾸밈새나 장식물

裝置 장치

설비 따위를 설치함 또는 그 설치한 물건

假裝 가장

거짓으로 꾸밈

武裝 무장

전투를 위한 장비를 갖춤

製 | 제

지을

획수: **14** 부수: **衣**

>>> 형성문자

衣 + 制(제)

製本 제본

인쇄물 등을 매고 겉장을 붙여 책으로 만듦

製造 제조

❶ 만듦. 지음

❷ 원료를 가공하여 제품을 만듦

製品 제품

물건을 만듦 또는 만들어 낸 물품

手製 수제

손으로 만듦

精製 정제

물질에 섞인 잡다한 것을 없애고 더 좋고 순도 높게 만듦

被 | 피

이불, 입을

획수: **10** 부수: **衣**

>>> 형성문자

衣 + 皮(피)

被告 피고

소송에서 고소(告訴)를 당한 사람

被動 피동

남에게 작용을 받음

被拉 피랍
납치를 당함

被殺 피살
살해를 당함

被害 피해
해를 입음 또는 그 해

衣類 의류

衣服 의복

衣裳 의상

衣食 의식

白衣 백의

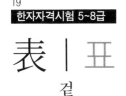

衣 + 毛
모피털이 있는 쪽을 겉으로 하여 입는다는 의미

表裏不同 표리부동

表明 표명

表示 표시

表現 표현

圖表 도표

發表 발표

매울 **신**

옛날에 죄인이나 포로의 얼굴에 검은 먹으로 문신을 새길 때에
사용한 도구를 표현한 글자이다.

3
한자자격시험 3~4급

辯 | 변
말잘할
획수: **21** 부수: **辛**

>>> 형성문자

言 + 辡(변)

辯論 변론
옳고 그름을 따져 말함

辯護 변호
남의 이익을 위하여 변명하고 도와줌

訥辯 눌변
서투른 말솜씨

達辯 달변
말을 잘함 또는 능숙한 말솜씨

抗辯 항변
상대편의 주장에 항거하여 변론함

4
한자자격시험 3~4급

辛 | 신

매울

획수: **7** 부수: **辛**

>>> 상형문자

辛辣 신랄

❶ 맛이 몹시 매움

❷ 몹시 가혹하고 매서움

辛勝 신승

고생스럽게 간신히 이김

辛時 신시

이십사시의 스무째 시

163

辰

별 진

단단한 껍데기로 이뤄진 조개를 표현한 글자로 보인다.

辱 | 욕

욕될

획수: **10** 부수: **辰**

>>> 회의문자

辰[때] + 寸[법도]
옛날 경작의 시기를 어기면 처벌되었기 때문에 욕됨의
뜻이 됨

辱說 욕설
남을 욕하는 말

凌辱 능욕
남을 업신여겨 욕보임

侮辱 모욕
깔보고 욕보임

榮辱 영욕
영예(榮譽)와 치욕

恥辱 치욕
수치와 모욕

2

한자자격시험 3~4급

辰 | 진, 신

별, 별

획수: **7** 부수: **辰**

>>> 상형문자

辰時 진시

❶ 십이시의 다섯째 시

❷ 이십사시의 아홉째 시

生辰 생신

'생일'의 높임말

日辰 일진

날의 육십갑자

3

한자자격시험 5~8급

農 | 농

농사

획수: **13** 부수: **辰**

>>> 회의문자

林 + 辰

'林(림)'은 숲, '辰(진)'은 조개를 본뜬 것

돌이나 조가비로 만든 농구로 땅을 갈다의 뜻을 나타냄

農耕 농경

農夫 농부

農業 농업

農場 농장

富農 부농

164

金

쇠 금

쇠로 된 물건을 만들기 위한 틀이거나, 그 틀로 만든 쇠로된 물건을 표현한 글자이다.

19
한자자격시험 3~4급

鏡 | 경
거울

획수: **19** 부수: **金**

>>> 형성문자

金 + 竟(경)

水鏡 수경
물속에서 쓰는 안경

眼鏡 안경
눈을 보호하거나 시력을 돕기 위하여 쓰는 기구

破鏡 파경
❶ 깨어진 거울
❷ 이혼하는 일

20
한자자격시험 3~4급

銅 | 동
구리

획수: **14** 부수: **金**

>>> 형성문자

金 + 同(동)

銅像 동상
구리로 만든 조각상

銅錢 동전
구리로 만든 돈

銅版 동판

구리로 만든 판에 그림이나 글씨를 새긴 인쇄용 원판

靑銅 청동

구리와 주석의 합금

21
한자자격시험 3~4급

錄 | 록

기록할

획수: **16** 부수: **金**

>>> 형성문자

金 + 彔(록)

錄音 녹음

레코드나 테이프에 소리를 기록함

記錄 기록

❶ 뒤에 남기려고 적음
❷ 운동 경기의 성적

目錄 목록

조목을 차례차례로 배열한 것

語錄 어록

위인이나 유명인의 말들을 모든 기록 또는 그 책

抄錄 초록

필요한 대목만을 가려 뽑아 적음 또는 그 기록

22
한자자격시험 3~4급

銘 | 명

새길

획수: **14** 부수: **金**

>>> 형성문자

金 + 名(명)

銘心 명심

마음에 깊이 새김

感銘 감명

깊이 느껴 마음에 새김

座右銘 좌우명

늘 가까이 두고 반성하는 재료로 삼는 좋은 말이나 글

<table>
<tr><td>

23

한자자격시험 3~4급

鉛 | 연

납

획수: **13** 부수: **金**

>>> 형성문자

</td><td>

金 + 㕣(연)

鉛筆 연필

흑연으로 된 심을 나무대에 박아 만든 필기구

亞鉛 아연

합금 재료로 쓰는, 은백색의 금속

黑鉛 흑연

탄소로만 이루어진 광물의 하나

</td></tr>
</table>

<table>
<tr><td>

24

한자자격시험 3~4급

銳 | 예

날카로울

획수: **15** 부수: **金**

>>> 형성문자

</td><td>

金 + 兌(태)

兌의 전음이 음을 나타냄

銳角 예각

❶ 날카로운 각
❷ 직각보다 작은 각도

銳利 예리

날카로움

新銳 신예

새롭고 날카로움

精銳 정예

잘 단련되고 날쌤

</td></tr>
</table>

25 한자자격시험 3~4급

錢 | 전
돈
획수: **16** 부수: **金**

>>> 형성문자

金 + 戔(전)

金錢 금전
돈

本錢 본전
밑천으로 들인 돈

26 한자자격시험 3~4급

鐘 | 종
쇠북
획수: **20** 부수: **金**

>>> 형성문자

金 + 童(동)
童의 전음이 음을 나타냄

警鐘 경종
❶ 경계하기 위하여 치는 종
❷ 경계하기 위한 주의, 충고

掛鐘 괘종
벽, 기둥에 걸어 놓은 시계

自鳴鐘 자명종
일정한 시간이 되면 저절로 울려 시각을 알려 주는 시계

27 한자자격시험 3~4급

鎭 | 진
누를
획수: **18** 부수: **金**

>>> 형성문자

金 + 眞(진)

鎭壓 진압
억눌러서 가라앉힘

鎭靜 진정
흥분, 혼란 등이 가라앉아 고요함, 또는 가라앉게 함

鎭痛 진통
아픈 것을 가라앉힘

155

鎭火 진화

불을 끔

金 + 戴(철)

28
한자자격시험 3~4급

鐵 | 철

쇠

획수: **21** 부수: **金**

>>> 형성문자

鐵面皮 철면피

쇠처럼 두꺼운 낯가죽. '뻔뻔스러운 사람'의 비유

鐵壁 철벽

쇠로 만든 벽. '아주 튼튼한 장벽이나 방비'의 비유

鐵石 철석

❶ 쇠와 돌
❷ '굳고 단단하여 변함이 없음'의 비유

製鐵 제철

철광석을 녹여 무쇠를 뽑음

寸鐵殺人 촌철살인

조그만 무기가 사람을 죽임
'간단한 말로 사람의 마음을 찔러 감동시킴'의 비유

29
한자자격시험 3~4급

針 | 침

바늘, 바느질할

획수: **10** 부수: **金**

>>> 형성문자

金 + 十(십)
十의 전음이 음을 나타냄

針小棒大 침소봉대

바늘만큼 작은 것을 몽둥이만큼 크다 함
'심하게 과장하여 말함'을 이름

毒針 독침

❶ 독액을 내쏘는 바늘 같은 기관
❷ 독을 바른 침

方針 방침

방향을 가리키는 지남침(指南針)
'무슨 일을 해 나가는 계획과 방향'을 이름

金科玉條 금과옥조

金蘭之交 금란지교

金利 금리

金城湯池 금성탕지

金融 금융

金字塔 금자탑

金枝玉葉 금지옥엽

金品 금품

金 + 艮(간)
艮의 전음이 음을 나타냄

銀幕 은막

銀髮 은발

銀粧刀 은장도

銀貨 은화

166

누를 **황**

옛날 신분 높은 사람이 몸에 차는 장신구인 구슬을 표현한 글자로 보인다.

1
한자자격시험 5~8급

黃 | 황
누를
획수: **12** 부수: **黃**

>>> 상형문자

黃金 황금

黃泉 황천

黃土 황토

黃昏 황혼

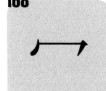

덮을 **멱**

무언가 늘어뜨려서 덮고 있는 모양을 표현한 글자이다.

2
한자자격시험 3~4급

冠 | 관

갓

획수: **9** 부수: 冖

>>> 형성문자

冖 + 寸 + 元(원)

'元'은 관을 쓴 사람. '冖(멱)'은 덮다의 뜻

冠禮 관례

남자 나이 20세 때 치르는 성인례(成人禮)

이때 처음 관(冠)을 씀

冠婚喪祭 관혼상제

관례, 혼례, 상례, 제례의 총칭

衣冠 의관

옷과 갓

안석 **궤**

사람이 앉을 때에 벽에 세우고 몸을 뒤쪽으로 기대는 방석인 안석을 표현한 글자이다.

3

한자자격시험 3~4급

凡 | 범

무릇

획수: **3** 부수: **几**

>>> 상형문자

바람을 안은 돛의 상형
전하여 '모두', '대체로'의 뜻이 되었다

凡夫 범부
평범한 사나이

凡常 범상
대수롭지 않고 예사로움

非凡 비범
평범하지 않음

平凡 평범
뛰어나거나 색다른 것이 없이 예사로움

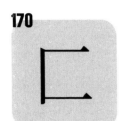

상자 **방**

한쪽을 향해 그 입구가 터져있는 네모난 상자를 표현한 글자이다.

2
한자자격시험 3~4급

區 | 구
구역
획수: **11** 부수: ㄷ

>>> 회의문자

ㄷ[감춤] + 品[물건]
물건을 감춤의 뜻. 전하여 작게 나눔, 구역의 뜻이 됨

區間 구간
어떤 지점과 다른 지점과의 사이

區內 구내
구역의 안

區別 구별
따로따로 종류에 따라 갈라 놓음

區域 구역
일정한 기준에 의하여 갈라 놓은 지역

區劃 구획
경계를 지어 가름

地區 지구
일정하게 정해진 구역

3
한자자격시험 3~4급

匹 | 필

짝

획수: **4** 부수: 匚

>>>형성문자

匚 + 八(팔)

八의 전음이 음을 나타냄

匹夫匹婦 필부필부

대수롭지 않은, 평범한 남녀

匹敵 필적

상대가 될 만한 적수

配匹 배필

부부(夫婦)로서의 짝

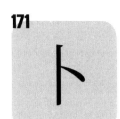

171

卜

점 **복**

거북 껍데기에 홈을 파고 불로 지져서 생긴 갈라진 무늬를 표현한 글자이다.

3
한자자격시험 3~4급

卜 | 복
점
획수: **2** 부수: 卜

>>> 상형문자

伏兵 복병

❶ 적을 갑자기 치기 위하여 요긴한 길목에 숨어 있는 군대

❷ '뜻밖의 장애가 되어 나타난 경쟁 상대'의 비유

伏線 복선

❶ 뒷일에 대비하여 미리 남모르게 베푸는 준비

❷ 소설, 희곡 따위에서, 뒤에 일어날 일을 미리 슬쩍 비쳐 두는 서술

屈伏 굴복

굽히어 복종함

三伏 삼복

초복, 중복, 말복의 총칭

降伏 항복

전쟁, 싸움, 경기 등에서 패배를 인정하고 굴복함

한자자격시험 3~4급

占 | 점

점, 차지할

획수: **5** 부수: 卜

>>> 회의문자

卜[점] + 口[(=問)물음]
점괘로 길흉을 묻는다는 의미

占據 점거
일정한 곳을 차지하여 자리 잡음

占領 점령
다른 나라의 영토를 무력으로 빼앗아 지배함

占術 점술
점치는 법

占有 점유
자기 소유로 차지함

獨占 독점
혼자서 독차지함

172

작을 요

가늘고 작은 실이 타래진 모양을 표현한 글자이다.
糸실 새자의 윗부분만 나타냈다.

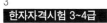

3
한자자격시험 3~4급

幾 | 기
몇, 기미
획수: **12** 부수: **幺**

>>> 회의문자

絲[미소 유] + 戍[지킬 수]
적을 방어함에 있어 위험의 조짐을 알아야 한다는 뜻

幾微 기미
낌새

幾何 기하
얼마. 몇

4
한자자격시험 3~4급

幼 | 유
어릴
획수: **5** 부수: **幺**

>>> 회의문자

幺 + 力
태어나서 아직 힘이 약함을 나타냄

幼年 유년
어린 나이

幼兒 유아
어린아이

幼稚 유치
❶ 나이가 어림
❷ 수준, 정도가 낮음

173

糸

실 사

가는 실이 한 타래 묶인 모양을 표현한 글자이다.
糸자를 부수로 삼는 한자의 뜻은 대부분 실의 종류나 성질 및 직물과 관련이 있다.

28
한자자격시험 3~4급

結 | 결
맺을
획수: **12** 부수: **糸**

>>> 형성문자

糸 + 吉(길)
吉의 전음이 음을 나타냄

結果 결과
❶ 열매를 맺음
❷ 어떤 행위로 이루어진 결말

結論 결론
끝맺는 말이나 글

結束 결속
맺어 묶음

結者解之 결자해지
맺은 자가 풀어야 함
'일을 저지른 자가 해결해야 함'을 이름

結草報恩 결초보은
풀을 매듭지어 은혜에 보답함
'죽어서도 은혜를 갚음'의 비유

結婚 결혼
남녀가 정식으로 부부 관계를 맺음

糸 + 巠(경)

經歷 경력
학업, 직업 등의 이력

經綸 경륜
나라를 다스리는 일 또는 그 방책

經世濟民 경세제민
세상을 다스리고 백성을 구제함

經營 경영
❶ 방침 따위를 세워 일을 해 나감
❷ 기업이나 사업을 운영함

經天緯地 경천위지
하늘을 씨로 하고 땅을 날로 함. '온 천하를 다스림'의 뜻

經驗 경험
❶ 실제로 보고 듣고 겪음
❷ 실제로 겪어 얻은 지식이나 기술

29
한자자격시험 3~4급

經 | 경
경서
획수: **13** 부수: **糸**

>>> 형성문자

이어져 있는 실을 손으로 거는 모양

系譜 계보
❶ 가문의 혈통이나 역사 등을 적은 책
❷ 혈연, 학문, 사상 등의 계통을 나타낸 기록

系列 계열
공통성, 유사성을 지니어 연결되는 계통이나 조직

家系 가계
한집안의 대를 이어 오는 계통

30
한자자격시험 3~4급

系 | 계
이을
획수: **7** 부수: **糸**

>>> 상형문자

直系 직계

직접 이어지는 계통

실을 잇는 모양을 본떠, 잇다의 뜻을 나타냄

繼 | 계

이을

획수: **20** 부수: **糸**

>>> 상형문자

繼母 계모

의붓어미

繼承 계승

뒤를 이어받음

引繼 인계

일이나 물건을 넘겨주거나 이어받음

中繼 중계

중간에서 이어줌

給 | 급

줄

획수: **12** 부수: **糸**

>>> 형성문자

糸 + 合(합)

合의 전음이 음을 나타냄

給料 급료

노력에 대한 보수로 지급하는 돈

給水 급수

물을 공급함

供給 공급

❶ 물품을 제공함
❷ 상품을 시장에 내놓음

配給 배급

나누어 줌

支給 지급

돈, 물품 등을 내어 줌

33
한자자격시험 3~4급

級 | 급
등급
획수: **10** 부수: **糸**

>>> 형성문자

糸 + 及(급)

級數 급수

우열(優劣)에 따라 매기는 등급

階級 계급

지위, 관직의 등급

等級 등급

신분, 품질 따위의 우열이나 높낮이를 나눈 급수

進級 진급

등급, 계급, 학급 따위가 오름 또는 그것들을 올림

34
한자자격시험 3~4급

紀 | 기
벼리
획수: **9** 부수: **糸**

>>> 형성문자

糸 + 己(기)

紀念 기념

오래도록 사적(事蹟)을 전해 잊지 않게 함

紀元 기원

❶ 나라를 세운 첫해
❷ 햇수를 세는 기초가 되는 해

本紀 본기

역사책에서 제왕의 사적을 기록한 부분

世紀 세기

❶ 시대. 연대
❷ 서력(西曆)에서 100년을 단위로 하여 세는 시대 구분

35 納 | 납
한자자격시험 3~4급

들일
획수: **10** 부수: **糸**

>>> 형성문자

糸 + 內(내)

'內'는 '들이다'의 뜻

納得 납득

잘 받아들여 이해함

納稅 납세

세금을 바침

納品 납품

주문받은 물품을 주문한 곳이나 사람에게 가져다 줌

出納 출납

금전., 물품 따위를 내어 주고 받아들임

36 練 | 련
한자자격시험 3~4급

익힐
획수: **15** 부수: **糸**

>>> 형성문자

糸 + 柬(간)

柬의 전음이 음을 나타냄

鍊磨 연마

심신, 지식, 기능 따위를 갈고 닦음

練習 연습

학문, 기예 따위를 되풀이하여 익힘

熟練 숙련

무슨 일에 숙달하여 능숙해짐

訓練 훈련

무예나 기술 등을 배워서 익힘

37 **한자자격시험 3~4급** 繁 | 번 번성할 획수: **17** 부수: **糸** >>> 형성문자	糸 + 敏(민) 敏의 전음이 음을 나타냄 **繁盛** 번성 한창 잘되어 성함 **繁殖** 번식 붇고 늘어서 퍼짐 **繁榮** 번영 번성하고 영화로움 **繁昌** 번창 번영하고 창성(昌盛)함

38 **한자자격시험 3~4급** 紛 | 분 어지러울 획수: **10** 부수: **糸** >>> 형성문자	糸 + 分(분) **紛糾** 분규 일이 뒤얽혀 말썽이 많고 시끄러움 **紛紛** 분분 ❶ 뒤숭숭하고 시끄러움 ❷ 여러 사물이 한데 뒤섞여 어수선함 ❸ 갈피를 잡을 수 없음 **紛失** 분실 엉클어져 다툼 **內紛** 내분 내부에서 일어나는 분쟁

糸 + 糸

39
한자자격시험 3~4급

絲 | 사
실
획수: **12** 부수: **糸**
>>> 회의문자

繭絲 견사
고치에서 뽑은 실

一絲不亂 일사불란
한 올의 실도 엉클어진 것이 없음
'질서나 체계 따위가 조금도 흐트러진 데가 없음'을 이름

鐵絲 철사
쇠로 만든 가는 줄

40
한자자격시험 3~4급

索 | 색, 삭
찾을, 동아줄
획수: **10** 부수: **糸**
>>> 회의문자

宀 + 糸 + 廾
'宀(면)'은 '집'의 뜻. '廾(공)'은 두 손을 본 뜬 모양
집안에서 새끼를 꼬다의 뜻을 나타냄

索莫 삭막
황폐하여 쓸쓸함

索引 색인
책 속의 항목이나 낱말을 빨리 찾도록 만든 목록

思索 사색
사물의 이치를 따지어 깊이 생각함

探索 탐색
샅샅이 더듬어 찾아냄

41
한자자격시험 3~4급

細 | 세
가늘
획수: **11** 부수: **糸**
>>> 형성문자

糸 + 囟(신)
囟의 전음이 음을 나타냄

細密 세밀
자세하고 치밀(緻密)함

細分 세분

자세하게 분류함

細心 세심

❶ 주의 깊게 마음을 씀
❷ 대담하지 못함

零細 영세

규모가 작거나 빈약함

仔細 자세

아주 작은 부분까지 구체적이고 분명함

42
한자자격시험 3~4급

素 | 소

힐

획수: **10** 부수: **糸**

>>> 회의문자

糸 + 垂[드리울 수]
고치로부터 뽑은 생사가 한 줄씩 늘어져 있음
물들이지 않은 흰 실을 말함

素朴 소박

꾸밈이 없이 수수한 그대로임

素材 소재

어떤 것을 만드는 데 바탕이 되는 재료

素質 소질

날 때부터 지니는 성격, 능력의 바탕이 되는 것

簡素 간소

간략하고 소박함

要素 요소

일의 성립, 효력 따위에 꼭 필요한 바탕이 되는 조건

續 | 속

이을

획수: **21** 부수: **糸**

>>> 형성문자

糸 + 賣(육)

賣은 '屬(속)'과 통하여 '연잇다'의 뜻

실이 연달아 이어지다의 뜻에서 '잇다'의 뜻을 나타냄

續開 속개

일단 멈추었던 회의 등을 다시 계속하여 엶

續出 속출

잇달아 나옴

連續 연속

연이어 계속함 또는 계속 이어짐

永續 영속

오래 계속함

純 | 순

순수할

획수: **10** 부수: **糸**

>>> 형성문자

糸 + 屯(둔)

屯의 전음이 음을 나타냄

純潔 순결

순수하고 아주 깨끗함

純粹 순수

잡것이 조금도 섞이지 아니함

純益 순익

모든 경비를 빼고 남은 순전한 이익

純眞 순진

꾸밈없이 순수하고 참됨

清純 청순

깨끗하고 순수함

45 한자자격시험 3~4급

約 | 약

묶을

획수: **9** 부수: **糸**

>>> 형성문자

糸 + 勺(작)
勺의 전음이 음을 나타냄

約束 약속
상대자와 서로 의견을 맞추어 정함, 또는 그 맞춘 내용

約定 약정
약속하여 정함

契約 계약
쌍방이 서로 지켜야 할 권리와 의무에 대하여 하는 약속

要約 요약
말이나 글의 요점을 간단하게 추림

制約 제약
어떤 조건을 붙여 제한함

46 한자자격시험 3~4급

緣 | 연

인연, 가장자리

획수: **15** 부수: **糸**

>>> 형성문자

糸 + 彖(단)
'彖'은 '두르다'의 뜻
옷 가장자리에 두른 장식에서 '가, 얽히다, 관련되다'
의 뜻을 나타냄

緣木求魚 연목구어
나무에 올라가서 물고기를 잡으려 함
'불가능한 일을 굳이 하려함'의 비유

緣分 연분
❶ 서로 관계를 가지게 되는 인연
❷ 부부가 될 인연

因緣 인연
❶ 사물들 사이에 서로 맺어지는 관계
❷ 연분(緣分)

175

血緣 혈연

같은 핏줄로 맺어진 인연

47
한자자격시험 3~4급

維 | 유

맬

획수: **14** 부수: **糸**

>>> 형성문자

糸 + 隹(추)

隹의 전음이 음을 나타냄

維持 유지

지탱하여 나감

纖維 섬유

동식물의 세포 등에서 분화하여 된 가는 실 모양의 물질

48
한자자격시험 3~4급

績 | 적

길쌈할

획수: **17** 부수: **糸**

>>> 형성문자

糸 + 責(책)

'責'은 '積(적)'과 통하여 '쌓다'의 뜻

실을 쌓아서 포개다의 뜻을 나타냄

功績 공적

쌓은 공로

成績 성적

❶ 이루어 놓은 공적

❷ 학습하여 얻은 지식, 기능, 태도 등이 평가된 결과

實績 실적

실제의 공적이나 업적

業績 업적

이룩해 놓은 성과

49 한자자격시험 3~4급

絶 | 절

끊을

획수: **12** 부수: **糸**

>>> 회의문자

刀 + 糸 + 巴

'巴(절)'은 사람이 무릎을 꿇은 모양. 날붙이로 실을 자르다의 뜻과 합쳐져 '중단하다'의 뜻을 나타냄

絶交 절교

교제를 끊음

絶望 절망

희망이 끊어짐

絶妙 절묘

썩 교묘함

絶頂 절정

❶ 산의 맨 꼭대기

❷ 최고에 이른 상태나 단계

拒絶 거절

받아들이지 않고 물리침

斷絶 단절

관계나 교류를 끊음

50 한자자격시험 3~4급

組 | 조

짤

획수: **11** 부수: **糸**

>>> 형성문자

糸 + 且(조)

'且'는 수북이 쌓아 올린 모습

실을 겹쳐 포개다, 끈을 엮다의 뜻을 나타냄

組閣 조각

내각(內閣)을 조직함

組立 조립

짜 맞춤

組織 조직

❶ 끈을 꼬고 베를 짜는 일

❷ 사람이나 물건이 모여서 이루어진 집합체

組合 조합

공동 사업을 목적으로 두 사람 이상이 출자한 단체

終 | 종

마칠

획수: **11** 부수: **糸**

>>> 형성문자

糸 + 冬(동)

冬의 전음이 음을 나타냄

終結 종결

끝을 냄

終末 종말

맨 끝

終熄 종식

어떤 활동 따위가 끝남

終身 종신

죽을 때까지

終戰 종전

전쟁을 끝냄

最終 최종

맨 나중

糸 + 氏(지)

紙面 지면

❶ 종이의 표면

❷ 글이 실린 종이의 겉면

紙幣 지폐

종이에 인쇄하여 만든 화폐

破紙 파지

못 쓰게 된 종이

52

한자자격시험 3~4급

紙 | 지

종이

획수: **10** 부수: **糸**

>>> 형성문자

糸 + 戠(직)

織物 직물

온갖 피륙의 총칭

織造 직조

피륙을 짜는 일

紡織 방직

실을 뽑는 일과 피륙을 짜는 일

53

한자자격시험 3~4급

織 | 직

짤

획수: **18** 부수: **糸**

>>> 형성문자

糸 + 悤(총)

總計 총계

전체의 합계

總括 총괄

통틀어 하나로 뭉침

總務 총무

전체적이며 일반적인 사무 또는 그 일을 맡은 사람

54

한자자격시험 3~4급

總 | 총

거느릴

획수: **17** 부수: **糸**

>>> 형성문자

179

總帥 총수

❶ 전군(全軍)을 지휘하는 사람

❷ 큰 조직이나 집단의 우두머리

總額 총액

모두를 합한 액수

55
한자자격시험 3~4급

統 | 통
거느릴
획수: **12** 부수: **糸**

>>> 형성문자

糸 + 充(충)

充의 전음이 음을 나타냄

統一 통일

나누어진 것들을 몰아 하나의 완전한 것으로 만듦

統制 통제

일정한 계획에 따라 통일하여 제어하는 일

統治 통치

도맡아 다스림

正統 정통

바른 계통

血統 혈통

같은 핏줄을 타고난 겨레붙이의 계통

56
한자자격시험 3~4급

絃 | 현
악기줄
획수: **11** 부수: **糸**

>>> 형성문자

糸 + 玄(현)

絃樂器 현악기

줄을 타거나 켜서 소리를 내는 악기

管絃 관현

관악기와 현악기

絶絃 절현

현악기의 줄을 끊음. '절친한 벗의 죽음'의 비유

57
한자자격시험 3~4급

紅 | 홍
붉을

획수: **9** 부수: **糸**

>>> 형성문자

糸 + 工(공)

工의 전음이 음을 나타냄

紅裳 홍상

붉은 치마. 다홍치마

紅一點 홍일점

푸른 풀 속에 핀 한 떨기의 붉은 꽃
'여러 남자들 중에 홀로 끼어 있는 여자'의 비유

紅潮 홍조

❶ 아침 해가 바다에 비쳐 붉게 보이는 경치
❷ 뺨에 붉은빛이 드러남 또는 그 빛

58
한자자격시험 5~8급

綠 | 록
푸를

획수: **14** 부수: **糸**

>>> 형성문자

糸 + 彔(록)

綠豆 녹두 / **綠陰芳草** 녹음방초

常綠樹 상록수 / **新綠** 신록

59
한자자격시험 5~8급

線 | 선
줄

획수: **15** 부수: **糸**

>>> 형성문자

糸 + 泉(천)

泉의 전음이 음을 나타냄

線路 선로 / **線分** 선분

點線 점선

174

网

그물 **망**

새나 고기를 잡는 그물을 표현한 글자이다.

3
한자자격시험 3~4급

羅 | 라
벌일

획수: **19** 부수: **网**

>>> 회의문자

网 + 維[이을 유]
새를 잡을 때 쓰는 실로 만든 그물을 뜻한다

羅列 나열
죽 벌여 놓음

網羅 망라
❶ 물고기 잡는 그물과 새 잡는 그물
❷ 빠짐없이 휘몰아 들임

4
한자자격시험 3~4급

罰 | 벌
벌줄

획수: **14** 부수: **网**

>>> 회의문자

刂[(=刀) 칼] + 詈[욕함]
소소한 죄에 대해 칼을 손에 들고 꾸짖음의 뜻

罰金 벌금
벌로 물리는 돈

罰則 벌칙
법규를 어겼을 때의 처벌을 정해 놓은 규칙

賞罰 상벌
상과 벌

一罰百戒 일벌백계

한 번 벌주어 백 가지 경계를 베풂. '여러 사람에게 경각심을 불러 일으키기 위하여 무거운 벌을 줌'의 비유

刑罰 형벌

죄인에게 법률에 의하여 주는 제재

署 │ 서
관청
획수: **14** 부수: **网**

>>> 형성문자

罒 + 者(자)

者의 전음이 음을 나타냄

署名 서명

서류 따위에 이름을 적음 또는 그 이름

官署 관서

관청과 그 보조 기관의 총칭

部署 부서

여럿으로 나뉘어져 있는 사무의 부분

罪 │ 죄
허물
획수: **13** 부수: **网**

>>> 형성문자

罒 + 非(비)

非의 전음이 음을 나타냄

罪目 죄목

범죄의 종류

罪囚 죄수

교도소에 갇힌 죄인

罪惡 죄악

죄가 될 만한 나쁜 행위

犯罪 범죄

죄를 범함 또는 그 죄

置 | 치

둘

획수: **13** 부수: **网**

>>> 형성문자

网 + 直(직)

直은 '곧다'의 뜻

그물을 곧게 쳐서 세워두다의 뜻에서 '두다'의 의미를
나타냄

置重 치중

어떤 일에 중점을 둠

置換 치환

바꿔 놓음

放置 방치

그대로 버려 둠

備置 비치

갖추어 둠

耒

쟁기 **뢰**

원시적인 형태의 쟁기를 표현한 글자이다.

2
한자자격시험 3~4급

耕 | 경

밭갈

획수: **10** 부수: **耒**

>>> 회의문자

耒 + 井
쟁기로 논을 갊의 의미

耕作 경작
논밭을 갈아 농사를 지음

農耕 농경
논밭을 갈아 농사(農事)를 짓는 일

牛耕 우경
소를 부려 밭을 감

休耕 휴경
농사짓던 땅을 얼마 동안 묵힘

덮을 **아**

무언가 덮을 수 있는 물건의 형태를 표현한 글자이다.

2

한자자격시험 3~4급

要 | 요
구할

획수: **9** 부수: **襾**

>>> 상형문자

양손으로 허리를 꼭 누르는 모양
가차되어 '구하다'의 의미가 되었다.

要求 요구
구함. 달라고 함

要緊 요긴
꼭 필요함

要職 요직
중요한 직위나 직무

強要 강요
무리하게 요구함

重要 중요
귀중하고 종요로움

3

한자자격시험 5~8급

西 | 서
서녘

획수: **6** 부수: **襾**

>>> 상형문자

본래 새의 둥지를 그린 것인데 뒤에 '서쪽'이라는 의미
로 가차되었다.

西歐 서구 / **西紀** 서기 / **西曆** 서력

西域 서역 / **西風** 서풍

국어 실력으로 이어지는 수(秀) 한자: 3-4급 하

제11장
자연물 관련 부수

얼음 빙

얼음의 각(角)이 진 무늬를 표현한 글자이다.
冫자 부수에 속하는 한자는 흔히 차가운 상황과 관련되어 이뤄진
뜻을 지닌다.

2
한자자격시험 3~4급

冷 | 랭
찰
획수: **11** 부수: 冫

>>> 형성문자

冫 + 令(령)
令의 전음이 음을 나타냄

冷却 냉각
식어 차게 됨 또는 식혀 차게 함

冷待 냉대
푸대접함. 푸대접

冷情 냉정
쌀쌀하여 정이 없음

寒冷 한랭
매우 추움

3
한자자격시험 3~4급

凉 | 량
서늘할
획수: **11** 부수: 冫

>>> 형성문자

凉의 속자(俗字)
氵 + 京(경)

納凉 납량
여름에 더위를 피하여 서늘한 바람을 쐼

清凉 청량

맑고 서늘함

荒凉 황량

황폐하고 쓸쓸함

4
한자자격시험 5~8급

冬 | 동

겨울

획수: **5** 부수: 冫

\>\>\> 회의문자

夂[終[마칠 종]의 옛글자] + 冫
사계절의 마지막이고, 얼음이 어는 추운 때의 의미

冬季 동계

冬眠 동면

冬至 동지

越冬 월동

立冬 입동

土 흙 토

땅 위에 놓은 한 무더기 흙을 표현한 글자이다.

土자 부수에 속하는 한자는 흙의 종류나 상태, 혹은 지형이나 지역과 관련된 뜻을 지닌다.

21
한자자격시험 3~4급

堅 | 견
굳을
획수: **11** 부수: **土**

>>> 형성문자

土 + 臤(견)

堅固 견고
단단하고 튼튼함

堅忍不拔 견인불발
굳게 참고 버티어 마음이 흔들리지 아니함

堅持 견지
굳게 지님

中堅 중견
단체나 사회에서 중심이 되거나 중요한 구실을 하는 사람

22
한자자격시험 3~4급

境 | 경
지경
획수: **14** 부수: **土**

>>> 형성문자

土 + 竟(경)

境界 경계
❶ 지역이 갈라지는 한계
❷ 일정한 표준에 의하여 갈라지는 한계

國境 국경
나라 사이의 경계

心境 심경

마음의 상태

逆境 역경

일이 뜻대로 되지 않는 불우한 처지

環境 환경

사람이나 동물에게 영향을 주는 자연적, 사회적 조건이나
형편

23
한자자격시험 3~4급

坤 | 곤

땅

획수: **8** 부수: **土**

>>> 회의문자

土 + 申(신)

'申'은 끝없이 뻗다의 뜻. 끝없이 뻗어있는 대지의 뜻
을 나타냄

坤時 곤시

이십사시의 열여섯째 시

乾坤 건곤

하늘과 땅

24
한자자격시험 3~4급

均 | 균

고를

획수: **7** 부수: **土**

>>> 형성문자

土 + 勻(균)

均等 균등

차별 없이 고름

均一 균일

한결같이 고름

均衡 균형

치우침이 없이 고름

平均 평균

수나 양의 차이가 나지 않게 함 또는 차이가 없이 고름

基 | 기
터
획수: **11** 부수: **土**

>>> 형성문자

土 + 其(기)

基金 기금
어떤 목적을 위하여 적립하여 두는 자금

基本 기본
사물(事物)의 가장 중요한 밑바탕

基調 기조
사상, 작품, 학설 등의 기본적인 경향

基準 기준
기본이 되는 표준

基礎 기초
❶ 건물 따위의 무게를 받치기 위하여 만든 바닥
❷ 사물이 이루어지는 바탕

壇 | 단
제터
획수: **16** 부수: **土**

>>> 형성문자

土 + 亶(단)

講壇 강단
강연, 설교 등을 할 때 올라서게 만든 자리

敎壇 교단
교실에서 선생이 강의할 때 올라서는 단

文壇 문단
문학인들의 사회

演壇 연단
연설을 하는 사람이 올라서는 단

花壇 화단
화초를 심기 위하여 뜰 한쪽에 따로 마련한 곳

27

한자자격시험 3~4급

墓 | 묘
무덤
획수: **14** 부수: **土**

>>> 형성문자

土 + 莫(모)
莫의 전음이 음을 나타냄

墓所 묘소
무덤, 또는 무덤이 있는 곳

墓地 묘지
무덤이 있는 땅

省墓 성묘
조상의 산소를 찾아가서 살펴어 돌봄

28

한자자격시험 3~4급

墨 | 묵
먹
획수: **15** 부수: **土**

>>> 회의문자

土 + 黑
'黑(흑)'은 검댕의 뜻
검댕과 흙으로 만든 '먹'의 뜻을 나타냄

墨香 묵향
먹의 향기

墨畫 묵화
먹으로 그린 동양화

29

한자자격시험 3~4급

壁 | 벽
벽
획수: **16** 부수: **土**

>>> 형성문자

土 + 辟(벽)

壁報 벽보
벽에 써 붙여 여러 사람에게 알리는 글

壁紙 벽지
벽에 바르는 종이

壁畫 벽화
바람벽에 그린 그림

193

面壁 면벽

벽을 마주하고 앉아 참선(參禪)하는 일

巖壁 암벽

벽처럼 깎아지른 듯이 솟은 바위

障壁 장벽

❶ 가리어 막은 벽
❷ '방해가 되는 사물'의 비유

絶壁 절벽

가파른 낭떠러지

30
한자자격시험 3~4급

報 | 보

갚을

획수: **12** 부수: **土**

>>> 회의문자

幸[죄인] + 殳[법률로 다스림]
죄를 논하여 재판함의 뜻

報告 보고

주어진 임무의 결과를 말 또는 글로 알림

報答 보답

남의 호의(好意)나 은혜 따위를 갚음

報復 보복

원수를 갚음. 앙갚음

報恩 보은

은혜를 갚음

警報 경보

경계하도록 알리는 보도

국어 실력으로 이어지는 수(秀) 한자: 3-4급 하

31
한자자격시험 3~4급

城 | 성
재

획수: **10** 부수: **土**

>>> 형성문자

土 + 成(성)

城郭 성곽

❶ 내성(內城)과 외성(外城)의 총칭

❷ 성(城) 또는 성의 둘레

籠城 농성

❶ 성문을 굳게 닫고 지킴

❷ 어떤 목적을 이루기 위하여 한자리에 줄곧 머물러 버티는 일

築城 축성

성을 쌓음

32
한자자격시험 3~4급

壤 | 양
흙

획수: **20** 부수: **土**

>>> 형성문자

土 + 襄(양)

天壤之判 천양지판

하늘과 땅의 차이. '아주 엄청난 차이'를 이름

天壤之差(천양지차)

土壤 토양

농작물을 자라게 하는 흙

33
한자자격시험 3~4급

域 | 역
지경

획수: **11** 부수: **土**

>>> 형성문자

土 + 或(혹)

或의 전음이 음을 나타냄

聖域 성역

❶ 신성한 지역

❷ 문제 삼지 않기로 한 사항

領域 영역

❶ 국가의 주권이 미치는 곳

❷ 세력이 미치는 범위

地域 지역

일정한 땅의 구역

34
한자자격시험 3~4급

堤 | 제

방죽

획수: **12** 부수: **土**

>>> 형성문자

土 + 是(시)
是의 전음이 음을 나타냄

堤防 제방

둑

防波堤 방파제

밀려드는 파도를 막기 위하여 항만(港灣)에 쌓은 둑

35
한자자격시험 3~4급

坐 | 좌

앉을

획수: **7** 부수: **土**

>>> 회의문자

从 + 土
두 사람[人]이 흙[土] 위에 마주 앉아 있는 모습

坐不安席 좌불안석

앉아 있어도 편안한 자리가 아님. 불안하거나 걱정스러워 한군데에 오래 앉아 있지 못함'을 이름

坐禪 좌선

가부좌(跏趺坐)를 하고 조용히 참선(參禪)함

坐視 좌시

❶ 앉아서 봄
❷ 간섭하지 않고 가만히 두고 보기만 함

坐井觀天 좌정관천

우물 속에 앉아 하늘을 봄. '견문이 좁음'의 비유

36 한자자격시험 3~4급

增 | 증
더할
획수: **15** 부수: **土**
>>> 형성문자

土 + 曾(증)

增强 증강
더 늘려 강화함

增産 증산
생산량을 늘림

增殖 증식
불어서 더 늘거나 불려서 더 늘림

增資 증자
자본금(資本金)을 늘림 또는 그 자본

割增 할증
일정한 금액에 얼마를 더 얹음

37 한자자격시험 3~4급

執 | 집
잡을
획수: **11** 부수: **土**
>>> 회의문자

幸[죄] + 丮[손에 잡음]
죄인을 잡음의 뜻

執權 집권
정권을 잡음

執念 집념
❶ 머리에서 떠나지 않는 생각
❷ 한 가지 일에 몰두함

執筆 집필
글이나 글씨를 씀

執行 집행
실제로 시행함

固執 고집

자기의 생각, 의견만을 내세워 굽히지 않음, 또는 그런
성질

我執 아집

자기의 좁은 소견에만 사로잡힌 고집

<table>
<tr><td>

38
한자자격시험 3~4급

塔 | 탑
탑

획수: **13** 부수: **土**

>>> 형성문자
</td><td>

土 + 㗉(답)
㗉의 전음이 음을 나타냄

佛塔 불탑

절에 세운 탑

石塔 석탑

돌탑
</td></tr>
<tr><td>

39
한자자격시험 5~8급

堂 | 당
집

획수: **11** 부수: **土**

>>> 형성문자
</td><td>

土 + 尙(상)
尙의 전음이 음을 나타냄

堂堂 당당

明堂 명당

殿堂 전당
</td></tr>
<tr><td>

40
한자자격시험 5~8급

場 | 장
마당

획수: **12** 부수: **土**

>>> 형성문자
</td><td>

土 + 昜(양)
昜의 전음이 음을 나타냄

場面 장면 / **場所** 장소

廣場 광장 / **登場** 등장
</td></tr>
</table>

국어 실력으로 이어지는 수(秀) 한자: 3-4급 하

土 + 才(재)

在京 재경

在野 재야

在職 재직

所在 소재

存在 존재

41
한자자격시험 5~8급

在 | 재
있을

획수: **6** 부수: **土**

>>> 형성문자

土 + 也(야)
也의 전음이 음을 나타냄

地名 지명

地位 지위

地下 지하

處地 처지

宅地 택지

42
한자자격시험 5~8급

地 | 지
땅

획수: **6** 부수: **土**

>>> 형성문자

土臺 토대

土砂 토사

土壤 토양

土着 토착

國土 국토

43
한자자격시험 5~8급

土 | 토
흙

획수: **3** 부수: **土**

>>> 상형문자

저녁 **석**

달을 표현한 글자이다.

2
한자자격시험 5~8급

多 | 다
많을
획수: **6** 부수: **夕**

>>> 회의문자

夕 + 夕
夕을 둘 겹쳐 일수(日數)가 '많음'을 나타냄

多多益善 다다익선

多事多難 다사다난

多樣 다양

多才多能 다재다능

多情多感 다정다감

過多 과다

3
한자자격시험 5~8급

夕 | 석
저녁
획수: **3** 부수: **夕**

>>> 지사문자

月[달]에서 한 획을 줄여서 달이 뜨려고 할 무렵, 저녁을 나타냄

夕刊 석간

夕陽 석양

朝夕 조석

夕 + 亦(역)
亦의 전음이 음을 나타냄

夜景 야경

夜勤 야근

夜深 야심

徹夜 철야

卜 + 夕[月(월)]
'夕(석)'은 '月(월)'의 변형
'月'은 刖(월)과 통하여 '긁어내다'의 뜻
점을 치기 위해 거북이 등딱지 '바깥'을 긁어냄

外界 외계

外交 외교

外貌 외모

外遊 외유

外貨 외화

場外 장외

작을 小

빗방울이나 모래알과 같은 작은 물체 세 개가 흩어져 있는 모양을 표현한 글자이다.

2
한자격시험 3~4급

尙 | 상
오히려
획수: **8** 부수: **小**

>>> 형성문자

八 + 向(향)
向의 전음이 음을 나타냄

尙武 상무
무예(武藝)를 숭상함

高尙 고상
품은 뜻과 몸가짐이 조촐하고 높음

崇尙 숭상
높이어 소중히 여김

3
한자격시험 5~8급

小 | 소
작을
획수: **3** 부수: **小**

>>> 상형문자

작은 점 세 개로 작음을 나타냄

小賣 소매

小心 소심

小兒 소아

縮小 축소

狹小 협소

국어 실력으로 이어지는 수(秀) 한자: 3-4급 하

한자자격시험 5~8급

少 | 소

젊을, 적을

획수: **4** 부수: **小**

>>> 상형문자

작은 점의 상형으로 '적다'의 뜻

少量 소량

少額 소액

僅少 근소

年少 연소

제 11 장 자연물 관련 부수

183

뫼 **산**

몇 개의 봉우리가 늘어서 있는 산을 표현한 글자이다.
山자를 부수로 삼는 한자는 대개 산의 일부분이나 모양과 관련된
뜻을 지닌다.

10
한자자격시험 3~4급

島 | 도
섬
획수: **10** 부수: **山**

>>> 형성문자

山 + 鳥[=鳥(조)]
鳥의 전음이 음을 나타냄

島嶼 도서
크고 작은 여러 섬들

群島 군도
무리를 이룬 많은 섬

半島 반도
한 쪽만 대륙에 연결되고 삼면이 바다에 둘러싸인 육지

列島 열도
길게 늘어서 있는 여러 개의 섬

11
한자자격시험 3~4급

嶺 | 령
재
획수: **17** 부수: **山**

>>> 형성문자

山 + 領(령)

分水嶺 분수령
❶ 물이 두 갈래로 갈라지는 경계가 되는 산등성이
❷ '일이 결정되는 고비'의 비유

12	山 + 夆(봉)

한자자격시험 3~4급

峯 | 봉
봉우리
획수: **10** 부수: **山**

>>> 형성문자

主峯 주봉

어떤 산줄기에서 가장 높은 봉우리

最高峰 최고봉

❶ 주봉(主峯)

❷ 어떤 방면에 가장 뛰어남

13	山 + 宗(종)

한자자격시험 3~4급

崇 | 숭
높일
획수: **11** 부수: **山**

>>> 형성문자

崇高 숭고

존엄하고 고상함

崇拜 숭배

높이 우러러 존대함

崇尙 숭상

높여 소중하게 여김

尊崇 존숭

존경하고 숭배함

14	山 + 厈(엄)

한자자격시험 3~4급

岸 | 안
언덕
획수: **8** 부수: **山**

>>> 형성문자

厈의 전음이 음을 나타냄

沿岸 연안

바닷가, 강가, 호숫가에 잇닿은 육지나 수역(水域)

彼岸 피안

인간 세상의 저쪽에 있다는 극락(極樂)

海岸 해안

바다의 기슭. 바닷가

<table>
<tr><td>

15
한자자격시험 3~4급

巖 | 암

바위

획수: **23** 부수: **山**

>>> 형성문자

</td><td>

山 + 嚴(엄)
嚴의 전음이 음을 나타냄

巖盤 암반

암석(巖石)으로 된 지반(地盤)

巖壁 암벽

깎아지른 듯이 험하게 솟아 있는 바위

巖石 암석

바위. 바윗돌

鎔巖 용암

화산에서 분출한 마그마가 굳어서 된 암석

</td></tr>
</table>

<table>
<tr><td>

16
한자자격시험 5~8급

山 | 산

뫼

획수: **3** 부수: **山**

>>> 상형문자

</td><td>

山林 산림

山脈 산맥

山積 산적

山川草木 산천초목

</td></tr>
</table>

184

개미허리 川 내 **천**

물이 흐르는 내를 표현한 글자이다.

1

한자자격시험 3~4급

巡 | 순

돌

획수: **7** 부수: 巛

>>> 회의문자

辶[쉬엄쉬엄갈 착] + 巛[돌아 흐름]

巡訪 순방

차례로 방문함

巡視 순시

두루 다니며 살핌

巡察 순찰

순회하며 사정을 살핌

巡廻 순회

여러 곳을 차례로 돌아다님

一巡 일순

한 바퀴 돎

강 하류에 만들어진 '삼각주'를 그린 것이다.

州縣 주현

지난날 지방 행정 구역인 주(州)와 현(縣). '지방'을 이름

2
한자자격시험 3~4급

州 | 주
고을
획수: **6** 부수: 巛

>>> 상형문자

물이 흘러 내려가는 모습을 그린 것

山川 산천

河川 하천

3
한자자격시험 5~8급

川 | 천
내
획수: **3** 부수: 巛

>>> 상형문자

185

日

날 일

가운데에 흑점이 있는 해를 표현한 글자이다.
日자 부수에 속하는 한자는 일반적으로 해와 관련되어 이뤄진 뜻을 지닌다.

20
한자자격시험 3~4급

暇 | 가
겨를
획수: **13** 부수: **日**

>>> 형성문자

日 + 叚(가)

餘暇 여가
겨를. 틈

閑暇 한가
바쁘지 않아 겨를이 많음

休暇 휴가
학교, 직장 등에서 일정한 기간 쉬는 일 또는 그 겨를

21
한자자격시험 3~4급

景 | 경
볕
획수: **12** 부수: **日**

>>> 형성문자

日 + 京(경)

景致 경치
자연의 아름다운 모습

光景 광경
❶ 경치
❷ 벌어진 일의 형편이나 모양

絶景 절경
더할 나위 없이 아름다운 경치

22

한자자격시험 3~4급

暖 | 난

따뜻할

획수: **13** 부수: **日**

>>> 형성문자

日 + 爰(원)

爰의 전음이 음을 나타냄

暖帶 난대

열대와 온대의 중간 지대

暖流 난류

적도 부근에서 고위도(高緯度)의 방향으로 흐르는 해류

溫暖 온난

날씨가 따뜻함

寒暖 한난

추움과 따뜻함

23

한자자격시험 3~4급

晚 | 만

늦을

획수: **11** 부수: **日**

>>> 형성문자

日 + 免(면)

免의 전음이 음을 나타냄

晚年 만년

일생의 끝 시기

晚時之歎 만시지탄

기회를 놓치고 때가 늦었음을 원통해하는 탄식

晚餐 만찬

잘 차려 낸 저녁 식사

晚秋 만추

늦가을

晚學 만학

나이가 들어서 공부를 시작함 또는 그 사람

24 한자자격시험 3~4급

暮 | 모
저물
획수: **15** 부수: **日**

>>> 형성문자

日 + 莫(모)
'莫'는 해 저물 때의 뜻

歲暮 세모

한 해가 저물어 가는 때. 年末(연말)

25 한자자격시험 3~4급

普 | 보
넓을
획수: **12** 부수: **日**

>>> 형성문자

日 + 並[(=竝)병]
'竝'은 나란히 퍼지다의 뜻
햇빛이 널리 퍼지다의 의미를 나타냄

普及 보급

널리 미침

普通 보통

널리 일반에게 통함

普遍 보편

모든 것에 두루 미치거나 통함

26 한자자격시험 3~4급

暑 | 서
더울
획수: **13** 부수: **日**

>>> 형성문자

日 + 者(자)
'者'는 섶을 모아 쌓고 태우다의 뜻
태양이 물건을 찔 정도로 뜨겁다의 의미를 나타냄

大暑 대서

이십사절기의 하나
소서(小暑)와 입추(立秋) 사이로, 7월 23일경

小暑 소서

이십사절기의 하나
하지(夏至)와 대서(大暑) 사이로, 7월 7일경

處暑 처서

이십사절기의 하나

입추(立秋)와 백로(白露) 사이로, 8월 23일경

避暑 피서

시원한 곳으로 옮겨 더위를 피하는 일

酷暑 혹서

지독한 더위

27
한자자격시험 3~4급

昔 | 석

옛

획수: **8** 부수: **日**

>>> 회의문자

日 + 芔(냐)

昔人 석인

옛사람

今昔之感 금석지감

지금과 예전의 차이가 심함을 보고 느끼는 감정

28
한자자격시험 3~4급

星 | 성

별

획수: **9** 부수: **日**

>>> 형성문자

日 + 生(생)

生의 전음이 음을 나타냄

彗星 혜성

❶ 살별. 꼬리별

❷ '갑자기 나타난 뛰어난 인물'의 비유

曉星 효성

샛별

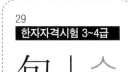

29 **한자자격시험 3~4급** 旬 | 순 열흘 획수: **6** 부수: **日** >>> 회의문자	勹[싸다] + 日 열흘을 일컬음 **上旬** 상순 초하루부터 초열흘까지의 동안 **七旬** 칠순 나이 70세

30 **한자자격시험 3~4급**

是 | 시
이
획수: **9** 부수: **日**

>>> 회의문자

日 + 正
태양의 운행을 바르다는 의미

是非 시비
옳음과 그름

是非之心 시비지심
사단(四端)의 하나로, 시비를 가릴 줄 아는 마음

是認 시인
옳다고 인정함

是正 시정
잘못된 것을 바로잡음

31 **한자자격시험 3~4급**

暗 | 암
어두울
획수: **13** 부수: **日**

>>> 형성문자

日 + 音(음)
音의 전음이 음을 나타냄

暗記 암기
보지 않고 욈

暗殺 암살
사람을 남모르게 죽임

暗示 암시

넌지시 깨우쳐 줌

暗中摸索 암중모색

어둠 속에서 손으로 더듬어 물건을 찾음. '확실한 방법을
모른 채 어림으로 이리저리 시도해 봄'을 이름

暗行 암행

남모르게 다님

明暗 명암

밝음과 어두움

32
한자자격시험 3~4급

易 |역, 이

바꿀, 쉬울

획수: **8** 부수: **日**

>>> 상형문자

도마뱀의 모양
도마뱀은 색깔이 변하기 때문에 '변함', '바꿈'의 뜻이 됨

易地思之 역지사지

처지를 바꾸어서 생각함

交易 교역

서로 물건을 사고팔고 하여 바꿈

貿易 무역

외국과 물건을 팔고 사거나 교환하는 상행위

簡易 간이

간단하고 쉬움

容易 용이

아주 쉬움

33
한자자격시험 3~4급

映 | 영
비칠
획수: **9** 부수: **日**

>>> 형성문자

日 + 央(앙)

央의 전음이 음을 나타냄

映像 영상

광선의 굴절이나 반사에 따라 비추어지는 물체의 모습

映畫 영화

촬영한 필름을 영사막에 비추어, 모습이나 움직임을 실제와 같이 재현해 보이는 것

放映 방영

텔레비전으로 방송함

上映 상영

영화를 관객에게 보임

34
한자자격시험 3~4급

早 | 조
일찍
획수: **6** 부수: **日**

>>> 회의문자

日 + 甲[시작]

일광이 쬐기 시작함의 의미

早期 조기

이른 시기

早熟 조숙

❶ 곡식, 과일 등이 일찍 익음
❷ 나이에 비해 어른스러움

早失父母 조실부모

일찍이 어려서 부모를 여읨

早退 조퇴

정해진 시작보다 일찍 돌아감

日 + 知(지)

智 | 지
슬기
획수: **12** 부수: **日**

>>> 형성문자

한자자격시험 3~4급
35

智略 지략
슬기로운 계략이나 꾀

智將 지장
지략이 뛰어난 장수

智慧 지혜
사리를 분별(分別)하는 마음의 작용

機智 기지
상황에 따라 재빨리 행동하는 재치

日 + 日
두 개의 日자로 '밝다'의 의미를 나타냄

昌 | 창
창성할
획수: **8** 부수: **日**

>>> 회의문자

한자자격시험 3~4급
36

昌盛 창성
한창 융성함

繁昌 번창
한창 잘되어 성함

日 + 靑(청)

晴 | 청
갤
획수: **12** 부수: **日**

>>> 형성문자

한자자격시험 3~4급
37

晴朗 청랑
날씨가 맑고 화창함

快晴 쾌청
하늘이 구름 한 점 없이 맑게 갬

38

한자자격시험 3~4급

暴 | 포, 폭
사나울, 드러낼
획수: **15** 부수: **日**

>>> 회의문자

日 + 出 + 廾[양손] + 米[쌀]
쌀을 햇볕에 찜의 뜻

暴君 폭군

포악한 임금

暴動 폭동

함부로 소란을 피워 사회 질서를 어지럽히는 일

暴力 폭력

난폭한 힘

暴言 폭언

난폭하게 하는 말

暴行 폭행

❶ 난폭한 행동
❷ 남에게 폭력을 가하는 일

橫暴 횡포

제멋대로 몹시 난폭(亂暴)하게 굶

39

한자자격시험 3~4급

昏 | 혼
어두울
획수: **8** 부수: **日**

>>> 회의문자

日 + 氏
해가 서쪽에 떨어짐의 뜻

昏迷 혼미

❶ 사리에 어둡고 흐리멍덩함
❷ 마음이 어지러워 희미함

昏睡 혼수

❶ 정신없이 잠이 듦
❷ 의식을 잃음

昏絶 혼절

정신(精神)이 아찔하여 까무러침

昏定晨省 혼정신성

저녁에 이부자리를 보고 아침에 자리를 살핌

'자식이 아침저녁으로 부모의 안부를 물어서 살핌'을 이름

黃昏 황혼

해가 지고 어둑어둑해갈 무렵

日 + 月

明鏡止水 명경지수

明瞭 명료

明暗 명암

明若觀火 명약관화

明確 명확

分明 분명

日 + 寺(시)

時局 시국

時急 시급

時機尙早 시기상조

時代 시대

時時刻刻 시시각각

時點 시점

해를 본뜬 글자

日課 일과

日沒 일몰

日蝕 일식

日誌 일지

日就月將 일취월장

忌日 기일

日 + 乍(작)
'乍'은 '徂(저)'와 통하여 가버리다의 뜻
가버린 때, 어제의 뜻을 나타냄

昨今 작금

昨年 작년

再昨年 재작년

44

한자자격시험 5~8급

晝 | 주

낮

획수: **11** 부수: **日**

>>> 회의문자

日 + 畫[구획 짓다]
명암에 의해 밤과 구획 지음의 뜻

晝耕夜讀 주경야독

晝夜 주야

白晝 백주

45

한자자격시험 5~8급

春 | 춘

봄

획수: **9** 부수: **日**

>>> 형성문자

日 + 艸 + 屯(둔)
屯은 떼 지어 모이다의 뜻
풀이 햇빛을 받아 무리지어 나는 모양에서 '봄철'을 나타냄

春季 춘계

春秋筆法 춘추필법

思春期 사춘기

立春 입춘

靑春 청춘

국어 실력으로 이어지는 수(秀) 한자: 3-4급 하

186

月

달 **월**

이지러진 달을 표현한 글자이다.

한자자격시험 3~4급

期 | 기

기약할

획수: **12** 부수: **月**

>>> 형성문자

月 + 其(기)

期間 기간

일정한 시기에서 다른 일정한 시기까지의 사이

期限 기한

미리 정해 놓은 일정한 시기

滿期 만기

정해진 기한이 참

適期 적기

알맞은 시기

4

한자자격시험 3~4급

望 | 망

바랄

획수: **11** 부수: **月**

>>> 회의문자

德望 덕망

덕행으로 얻은 명망

名望 명망

명성이 높고 사람들이 우러러 믿고 따르는 것

所望 소망

바라는 바

責望 책망

잘못을 들어 나무람

希望 희망

앞일에 대하여 기대를 가지고 바람 또는 그러한 기대

몇 개의 조개를 실로 꿰어서 두 줄로 늘어놓은 모양으로 '패거리'의 뜻을 나타냄

朋黨 붕당

주의나 이해를 같이하는 사람들이 모인 단체

朋友 붕우

벗. 친구

朋友有信 붕우유신

오륜(五倫)의 하나로, '친구 사이에는 신의(信義)가 있어야 함'을 이름

月 + **艮**(복)

服務 복무

服用 복용

服裝 복장

服從 복종

着服 착복

7

한자자격시험 5~8급

月 | 월

달

획수: **4** 부수: **月**

>>> 상형문자

달이 이지러진 모양을 본뜸

月刊 월간 / **月桂冠** 월계관

月蝕 월식 / **隔月** 격월

歲月 세월

8

한자자격시험 5~8급

有 | 유

있을, 또

획수: **6** 부수: **月**

>>> 회의문자

又[손] + 月[고기]
손으로 고기를 권함의 뜻

有口無言 유구무언 / **有能** 유능

有名無實 유명무실

有備無患 유비무환

有耶無耶 유야무야

有益 유익

9

한자자격시험 5~8급

朝 | 조

아침

획수: **12** 부수: **月**

>>> 회의문자

艸 + 日
초원에 해가 뜨는 모양

朝刊 조간 / **朝令暮改** 조령모개

朝變夕改 조변석개

朝三暮四 조삼모사

朝餐 조찬

朝會 조회

기운 **기**

첩첩으로 피어나는 희미한 구름의 기운을 표현한 글자이다.

1
한자자격시험 5~8급

氣 | 기
기운
획수: **10** 부수: **气**

>>> 형성문자

米 + 气

氣分 기분

氣象 기상

氣勢 기세

氣運 기운

氣候 기후

心氣 심기

188 水 물 수    氵 삼수변

흐르는 물을 표현한 글자이다. 水자가 글자의 왼쪽에 덧붙여질 때는 氵의 형태로 바뀌어 쓰이는데, '삼수변'이라 한다. 水자를 부수로 삼는 한자는 물과 관련된 사물이나 활동, 상태, 성질과 관련된 뜻을 지닌다.

55
한자자격시험 3~4급

渴 | 갈
목마를
획수: **12** 부수: **水**

>>> 형성문자

氵 + 曷(갈)

渴望 갈망
목마른 사람이 물을 찾듯이 간절히 바람

渴症 갈증
목이 말라 물이 먹고 싶은 느낌

枯渴 고갈
❶ 물이 말라서 없어짐
❷ 물품, 자원 등이 다하여 없어짐

解渴 해갈
❶ 목마름을 풂
❷ 가뭄을 면함

56
한자자격시험 3~4급

減 | 감
덜
획수: **12** 부수: **水**

>>> 형성문자

氵 + 咸(함)
咸의 전음이 음을 나타냄

減量 감량
분량이나 체중을 줄임

減産 감산

생산량을 줄임

減少 감소

줄어서 적어짐

減員 감원

조직의 인원을 줄임

輕減 경감

덜어서 가볍게 함

削減 삭감

깎아서 줄임

57
한자자격시험 3~4급

激 | 격

과격할

획수: **16** 부수: **水**

>>> 형성문자

氵 + 敫(격)

激怒 격노

몹시 성냄

激動 격동

❶ 급격하게 움직임

❷ 몹시 흥분하고 감동함

激烈 격렬

몹시 맹렬함

激變 격변

급격하게 변함

感激 감격

마음속에 느껴 격동됨

過激 과격

지나치게 격렬함

58

한자자격시험 3~4급

決 | 결

정할

획수: **7** 부수: **水**

>>> 형성문자

氵 + 夬(결)

'夬'은 '도려내다'의 뜻. 둑을 물이 개먹어 벌어진 구멍이 나다의 뜻에서 '결정하다'의 뜻이 파생됨

決斷 결단

딱 잘라 결정함 또는 그 결정

決心 결심

마음을 정함

決議 결의

회의에서 의안, 제안의 가부(可否)를 결정함

決定 결정

결단하여 정함

終決 종결

결정이 내려짐

判決 판결

옳고 그름 따위를 판단하여 결정함

59

한자자격시험 3~4급

潔 | 결

깨끗할

획수: **15** 부수: **水**

>>> 형성문자

氵 + 絜(혈)

絜의 전음이 음을 나타냄

潔白 결백

❶ 깨끗하고 흼

❷ 허물이 없음

簡潔 간결

간단하고 깔끔함

純潔 순결

잡것이 섞이지 아니하고 깨끗함

淨潔 정결

맑고 깨끗함

60
한자자격시험 3~4급

溪 | 계
시내
획수: **13** 부수: **水**

>>> 형성문자

氵 + 奚(해)

奚의 전음이 음을 나타냄

溪谷 계곡

물이 흐르는 골짜기

61
한자자격시험 3~4급

求 | 구
구할
획수: **7** 부수: **水**

>>> 상형문자

본래 가죽옷[裘(구)]을 그린 것이었는데, 뒤에 '구하다'라는 뜻으로 가차되었다

求愛 구애

❶ 사랑을 구함
❷ 이성(異性)의 사랑을 구함

求人 구인

필요한 사람을 구함

求職 구직

직업을 구함

渴求 갈구

목마르게 구함

追求 추구

목적한 바를 이루고자 끈기 있게 좇아 구함

62

한자자격시험 3~4급

淡 | 담

맑을

획수: **11** 부수: **水**

>>> 형성문자

氵 + 炎(담)

淡泊 담박

❶ 욕심이 없고 조촐함

❷ 맛이나 빛이 산뜻함

淡水 담수

민물

冷淡 냉담

동정심이 없고 쌀쌀함

雅淡 아담

❶ 고상하고 깔끔함

❷ 조촐하고 산뜻함

63

한자자격시험 3~4급

浪 | 랑

물결

획수: **10** 부수: **水**

>>> 형성문자

氵 + 良(량)

良의 전음이 음을 나타냄

浪費 낭비

쓸데없는 일에 돈이나 물건을 헛되이 씀

激浪 격랑

거센 파도

放浪 방랑

정처 없이 이곳저곳 떠돌아다님

流浪 유랑

정처 없이 떠돌아다님

風浪 풍랑

바람에 따라서 일어나는 물결. '매우 어려운 고난'의 비유

64
한자자격시험 3~4급

流 | 류

흐를

획수: **9** 부수: **水**

>>> 회의문자

氵 + 㐬[아기가 태어나는 모양]
순조롭게 흘러나옴의 뜻

流入 유입

흘러들어옴

流出 유출

밖으로 흘러나오거나 흘러나감

流行 유행

세상에 널리 행하여짐

放流 방류

가두었던 물을 터서 흘려보냄

一流 일류

어떤 분야에서 첫째가는 지위나 부류

合流 합류

❶ 한데 합하여 흐름
❷ 합하여서 행동을 같이함

65
한자자격시험 3~4급

滿 | 만
찰
획수: **14** 부수: **水**

>>> 형성문자

氵 + 㒼(만)

滿期 만기
정해진 기한이 참

滿了 만료
정해진 기한이 끝남

滿員 만원
정원이 다 참

滿足 만족
부족함이 없이 충분한 마음의 상태

充滿 충만
가득 참

豐滿 풍만
몸이 투실투실하게 살찜

66
한자자격시험 3~4급

法 | 법
법
획수: **8** 부수: **水**

>>> 회의문자

氵 + 去

法令 법령
법률과 명령

法律 법률
국민이 지켜야 할 나라의 규율

法廷 법정
법원이 송사를 심리하고 판결하는 곳

方法 방법
일을 처리 가는 방식이나 수단

便法 편법

편리한 방법

浮 | 부

뜰

획수: **10** 부수: **水**

>>> 형성문자

67
한자자격시험 3~4급

氵 + 孚(부)

浮刻 부각

❶ 사물의 특징을 두드러지게 나타냄

❷ 돈을새김

浮力 부력

공기나 액체 속에 있는 물체를 떠오르게 하는 힘

浮上 부상

❶ 물의 표면으로 떠오름

❷ 능력, 실력 등이 드러남

浮揚 부양

가라앉은 것을 떠오르게 함

浮沈 부침

❶ 물 위에 떠오름과 물속에 잠김

❷ '인생의 기복(起伏)이나 세상의 변천'의 비유

洗 | 세

씻을

획수: **9** 부수: **水**

>>> 형성문자

68
한자자격시험 3~4급

氵 + 先(선)

'先'은 씻다의 뜻. 물로 씻다의 뜻을 나타냄

洗腦 세뇌

어떤 사상이나 주의를 주입시켜 거기에 물들게 하는 일

洗練 세련

글, 교양, 인품이 어색하지 않고 잘 다듬어져 있음

洗劑 세제

몸, 의류 따위에 묻은 물질을 씻어 내는데 쓰이는 약제

洗濯 세탁

빨래

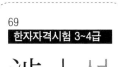

69
한자자격시험 3~4급

涉 | 섭
건널
획수: **10** 부수: **水**

>>> 회의문자

氵 + 步[걷다]
물속을 걷다, 건너다의 뜻을 나타냄

涉獵 섭렵

❶ 물을 건너고 짐승을 잡음
❷ '여러 가지 책을 두루 많이 읽음'의 비유

涉外 섭외

외부와 연락하며 교섭함

干涉 간섭

직접 관계가 없는 일에 대하여 부당하게 참견함

交涉 교섭

❶ 상대편과 일을 의논함
❷ 관계를 가짐

70
한자자격시험 3~4급

淑 | 숙
맑을
획수: **11** 부수: **水**

>>> 형성문자

氵 + 叔(숙)

淑女 숙녀

❶ 정숙하고 품위 있는 여자
❷ '다 자란 여자'의 미칭(美稱)

私淑 사숙

존경하는 사람에게서 직접 가르침을 받지는 아니하였으나
마음속으로 그 사람을 본받아서 배우거나 따름

貞淑 정숙

여자의 지조가 곧고 마음씨가 고움

71
한자자격시험 3~4급

深 | 심

깊을

획수: **11** 부수: **水**

>>> 형성문자

氵 + 罙(심)

深度 심도

깊은 정도

深思熟考 심사숙고

깊이 생각하고 곰곰이 따져 봄

深山幽谷 심산유곡

깊은 산과 그윽한 골짜기

水深 수심

물의 깊이

夜深 야심

밤이 깊음

72
한자자격시험 3~4급

氷 | 빙

얼음

획수: **5** 부수: **水**

>>> 회의문자

冫[얼음] + 水

氷山 빙산

북극이나 남극의 바다에 산처럼 떠 있는 얼음 덩어리

氷點 빙점

물이 얼거나 얼음이 녹기 시작하는 온도

氷板 빙판

얼음판

薄氷 박빙

살얼음

국어 실력으로 이어지는 수(秀) 한자: 3-4급 하

結氷 결빙

물이 얼어붙음

ㅋ + 厓(애)

生涯 생애

살아 있는 동안

水涯 수애

물가

73

한자자격시험 3~4급

涯 | 애

물가

획수: **11** 부수: **水**

>>> 형성문자

ㅋ + 魚(어)

漁民 어민

고기잡이를 업으로 하는 사람

漁父之利 어부지리

어부가 얻은 이익

'둘이 다투고 있는 사이 엉뚱한 사람이 이익을 봄'을 이름

漁船 어선

고기잡이 배

漁場 어장

고기잡이를 하는 수역

漁村 어촌

어민들이 모여 사는 마을

漁獲 어획

물고기, 조개, 바닷말 등을 잡거나 땀 또는 그 수산물

74

한자자격시험 3~4급

漁 | 어

고기잡을

획수: **14** 부수: **水**

>>> 형성문자

75

한자자격시험 3~4급

汝 | 여
너
획수: **6** 부수: **水**

>>> 형성문자

氵 + 女(여)

汝等 여등
너희들

76

한자자격시험 3~4급

演 | 연
펼
획수: **14** 부수: **水**

>>> 형성문자

氵 + 寅(인)
寅의 전음이 음을 나타냄

演劇 연극
배우가 무대에서 각본에 따라 동작, 대사로 표현하는 예술

演說 연설
여러 사람 앞에서 자기의 의견을 말함

演繹 연역
뜻을 풀어서 밝힘

講演 강연
대중 앞에서 연설함

出演 출연
무대나 영화, 방송 따위에 나와 연기함

77

한자자격시험 3~4급

溫 | 온
따뜻할
획수: **13** 부수: **水**

>>> 형성문자

氵 + 昷(온)

溫故知新 온고지신
옛것을 익히고 그것을 미루어서 새것을 앎

溫暖 온난

날씨가 따뜻함

溫順 온순

성격이 부드럽고 순함

溫情 온정

따뜻한 인정

保溫 보온

❶ 온도를 일정하게 유지함

❷ 따뜻한 기운을 잘 유지함

體溫 체온

몸의 온도

浴 | 욕

목욕

획수: **10** 부수: **水**

>>> 형성문자

氵 + 谷(곡)

谷의 전음이 음을 나타냄

浴室 욕실

목욕하는 방

浴槽 욕조

목욕통

沐浴 목욕

온몸을 씻는 일

海水浴 해수욕

바다에서 헤어치거나 노는 일

源 | 원

근원

획수: **13** 부수: **水**

>>> 형성문자

氵 + 原(원)

源流 원류

❶ 물이 흐르는 근원

❷ 사물이 일어나는 근원

源泉 원천

❶ 물이 솟아 나오는 근원

❷ 어떤 사물이 생기는 근원

根源 근원

❶ 물의 줄기가 나오기 시작하는 곳

❷ 사물의 근본

本源 본원

사물의 근본

語源 어원

어떤 말이 생겨난 근원

字源 자원

글자의 근원. 특히, 한자의 구성 원리

泣 | 읍

울

획수: **8** 부수: **水**

>>> 형성문자

氵 + 立(립)

立의 전음이 음을 나타냄

泣訴 읍소

눈물을 흘리면서 간절히 하소연함

泣斬馬謖 읍참마속

울면서 마속(馬謖)의 목을 벰

'큰 목적을 위해서는 사랑하는 사람도 버림'의 뜻

81 한자자격시험 3~4급

淨 | 정

깨끗할

획수: **11** 부수: **水**

>>> 형성문자

氵 + 爭(쟁)

爭의 전음이 음을 나타냄

淨潔 정결

맑고 깨끗함

淨水 정수

물을 맑게 함 또는 그 물

淨化 정화

깨끗하게 함

淸淨 청정

맑고 깨끗함

82 한자자격시험 3~4급

濟 | 제

건널, 많고 성할

획수: **17** 부수: **水**

>>> 형성문자

氵 + 齊(제)

決濟 결제

금전상의 거래 관계를 청산함

救濟 구제

구원하여 건져 줌

未濟 미제

아직 끝나거나 해결되지 않음

83 한자자격시험 3~4급

潮 | 조

조수

획수: **15** 부수: **水**

>>> 형성문자

氵 + 朝(조)

滿潮 만조

밀물로 해면(海面)이 가장 높아진 상태

思潮 사조

어떤 시대나 계층의 사람들 사이에 나타나는 일반적인 사상의 경향

風潮 풍조

❶ 바람 따라 흐르는 조수
❷ 세상이 되어가는 추세

注 | 주
물댈
획수: **8** 부수: **水**

>>> 형성문자

氵 + 主(주)

注目 주목

시선을 모아 봄

注視 주시

눈여겨 봄

注意 주의

마음에 새겨 조심함

注入 주입

❶ 액체를 물체 안에 흘러 넣음
❷ 어떤 사상 따위를 남의 의식에 새겨지도록 가르쳐 줌

準 | 준
법도, 콧마루
획수: **13** 부수: **水**

>>> 형성문자

氵 + 隼(준)

準備 준비

필요한 것을 미리 마련하여 갖춤

準則 준칙

표준을 삼아서 따라야 할 규칙

基準 기준

기본이 되는 표준

標準 표준

사물이 준거할 만한 기준 또는 그에 해당하는 사물

86

한자자격시험 3~4급

池 | 지

못

획수: **6** 부수: **水**

>>> 형성문자

氵 + 也(야)

'也'는 '꾸불꾸불하다'의 뜻

꾸불꾸불한 모양의 물웅덩이의 뜻을 나타냄

池魚之殃 지어지앙

못 속의 물고기의 재앙. '뜻하지 않은 재앙'의 뜻

87

한자자격시험 3~4급

泉 | 천

샘

획수: **9** 부수: **水**

>>> 상형문자

암석 사이에서 맑은 물이 흘러나오는 모양

溫泉 온천

더운물이 솟아 나오는 샘

源泉 원천

❶ 물이 흘러나오는 근원

❷ 사물의 근원

88

한자자격시험 3~4급

淺 | 천

얕을

획수: **11** 부수: **水**

>>> 형성문자

氵 + 戔(잔)

戔의 전음이 음을 나타냄

淺薄 천박

지식, 생각 따위가 얕음

日淺 일천

시작한 지 얼마 되지 않음. 날짜가 많지 않음

241

89

測 | 측

헤아릴

획수: **12** 부수: **水**

>>>형성문자

氵 + 則(칙)

則의 전음이 음을 나타냄

測量 측량

물건의 넓이, 깊이, 높이, 부피, 방향 따위를 재어 계산함

測定 측정

어떤 양의 크기를 잼

觀測 관측

사정이나 형편을 관찰하여 앞일을 추측함

臆測 억측

근거 없이 제멋대로 짐작함

推測 추측

미루어 생각하여 헤아리거나 어림을 잡음

90

治 | 치

다스릴

획수: **8** 부수: **水**

>>>형성문자

氵 + 台(이)

'台'는 '司(사)'와 통하여 '다스리다'의 뜻. 물을 다스리다의 뜻에서 일반적으로 '다스리다'의 뜻을 나타냄

治國 치국

나라를 다스림

治療 치료

병, 상처를 다스려 낫게 함

治安 치안

잘 다스려 편안하게 함

難治 난치

병을 완전히 고치기 어려움

政治 정치

국가의 주권자가 그 영토와 국민을 다스리는 일

91

한자자격시험 3~4급

浸 | 침

적실

획수: **10** 부수: **水**

>>>형성문자

氵 + 㝉(침)

浸水 침수

홍수로 말미암아 물이 들거나 물에 잠김

浸蝕 침식

빗물, 냇물, 빙하 따위가 땅이나 암석 등을 개먹어 듦

浸透 침투

❶ 액체가 속으로 스며듦

❷ 어떤 현상, 사상, 정책 따위가 속속들이 스며듦

92

한자자격시험 3~4급

濯 | 탁

씻을

획수: **17** 부수: **水**

>>>형성문자

氵 + 翟(적)

翟의 전음이 음을 나타냄

洗濯 세탁

빨래. 빨래를 함

93

한자자격시험 3~4급

泰 | 태

클

획수: **10** 부수: **水**

>>>형성문자

水 + 大(대)

大의 전음이 음을 나타냄

泰斗 태두

❶ 태산과 북두성(北斗星)

❷ 어떤 방면에서 썩 권위가 있는 사람

泰山北斗(태산북두)

泰然 태연

태도나 기색이 아무렇지 않고 예사로움

243

泰平 태평

❶ 세상이 평화로움

❷ 몸이나 마음 또는 집안이 평안함

<table>
<tr><td>94
한자자격시험 3~4급

澤 ｜ 택
못
획수: **16** 부수: **水**

>>>형성문자</td><td>氵 + 睪(역)
睪의 전음이 음을 나타냄

光澤 광택
물체의 표면에 번쩍거리는 빛

德澤 덕택
남에게 끼친 혜택

潤澤 윤택
❶ 태깔이 부드럽고 번지르르함
❷ 생활이 넉넉함

惠澤 혜택
은혜와 덕택</td></tr>
</table>

<table>
<tr><td>95
한자자격시험 3~4급

波 ｜ 파
물결
획수: **8** 부수: **水**

>>>형성문자</td><td>氵 + 皮(피)

波及 파급
점차 전하여 널리 퍼짐

波動 파동
❶ 물결의 움직임
❷ 전파되는 진동
❸ 사회적으로 큰 변동을 가져올 만한 거센 움직임</td></tr>
</table>

波瀾萬丈 파란만장

물결이 만길 높이로 읾

'인생살이에 기복과 변화가 심함'을 이름

餘波 여파

❶ 큰 물결 뒤에 이는 작은 물결

❷ 어떤 일이 끝난 뒤에 주위에 미치는 영향

人波 인파

사람의 물결. '사람이 많이 모여 움직이는 모양'의 비유

風波 풍파

❶ 세찬 바람과 험한 물결

❷ '어지럽고 험한 분란(紛亂)'의 비유

96
한자자격시험 3~4급

派 | 파
물갈래
획수: **9** 부수: **水**

>>>형성문자

氵 + 𣲖(파)

'𣲖'는 흐름이 갈라져 있는 모양을 본떠서, '지류', '갈라짐'의 뜻을 나타냄

派遣 파견

일정한 임무를 주어 사람을 어느 곳에 보냄

派閥 파벌

이해관계에 따라 따로따로 갈라진 사람들의 집단

派生 파생

하나의 본체에서 다른 사물이 갈려 나와 생김

黨派 당파

당의 파벌

分派 분파

여러 갈래로 나뉘어 갈라짐, 또는 갈라져 나온 것

97 한자자격시험 3~4급 **浦 | 포** 물가 획수: **10** 부수: **水** >>>형성문자	氵 + 甫(보) 甫의 전음이 음을 나타냄 **浦口** 포구 선박(船舶)이 드나드는 개의 어귀

98 한자자격시험 3~4급 **河 | 하** 물 획수: **8** 부수: **水** >>>형성문자	氵 + 可(가) 可의 전음이 음을 나타냄 **河口** 하구 바다로 들어가는 강물의 어귀 **河川** 하천 강과 내 **運河** 운하 육지를 파서 만든 수로(水路) **氷河** 빙하 만년설(萬年雪)이 얼음덩이가 되어 서서히 비탈면을 흘러 내려와 강을 이룬 것

99 한자자격시험 3~4급 **港 | 항** 항구 획수: **12** 부수: **水** >>>형성문자	氵 + 巷(항) **港口** 항구 바닷가에 배가 드나들 수 있도록 시설해 놓은 곳 **港灣** 항만 바다가 굽어 들어가서 항구 설치에 적당한 곳

국어 실력으로 이어지는 수(秀) 한자: 3-4급 하

開港 개항

외국과의 통상을 위하여 항구를 외국에 개방함

空港 공항

항공기가 뜨고 내릴 수 있도록 여러 시설을 갖춘 곳

密港 밀항

법을 어기고 몰래 해외로 항해함

入港 입항

배가 항구로 들어옴

100
한자자격시험 3~4급

湖 | 호
호수
획수: **12** 부수: **水**
>>>형성문자

氵 + 胡(호)

湖畔 호반

호숫가

湖水 호수

❶ 큰 못
❷ 호수의 물

江湖 강호

❶ 강과 호수
❷ 시골

101
한자자격시험 3~4급

混 | 혼
섞을
획수: **11** 부수: **水**
>>>형성문자

氵 + 昆(곤)

昆의 전음이 음을 나타냄

混同 혼동

❶ 뒤섞음
❷ 뒤섞어 보거나 잘못 판단함

混亂 혼란

뒤섞이어 어지러움

混線 혼선

❶ 신호나 통화가 뒤섞여 엉클어짐
❷ '말이 뒤섞여 실마리를 잡지 못하게 됨'의 비유

混用 혼용

섞어서 씀

混戰 혼전

두 편이 뒤섞여서 싸움

混合 혼합

뒤섞어서 한데 합함

102
한자자격시험 5~8급

江 | 강
강
획수: **6** 부수: **水**

>>>형성문자

氵 + 工(공)
工의 전음이 음을 나타냄

江邊 강변

江山 강산

江村 강촌

江湖 강호

103
한자자격시험 5~8급

水 | 수
물
획수: **4** 부수: **水**

>>> 상형문자

물이 흘러가는 모양을 그린 것이다

水路 수로

水沒 수몰

水深 수심

水魚之交 수어지교

水平 수평

水害 수해

氵 + 羊(양)

洋服 양복

洋食 양식

大洋 대양

西洋 서양

遠洋 원양

긴 흐름을 가진 강의 상형으로 '길다'의 뜻을 나타냄

永劫 영겁

永訣 영결

永久 영구

永遠 영원

永住 영주

ㅣ + 由(유)

油價 유가

油田 유전

油畫 유화

石油 석유

原油 원유

ㅣ + 靑(청)

淸潔 청결

淸廉 청렴

淸純 청순

淸淨 청정

淸風明月 청풍명월

ㅣ + 茣(간)
茣의 전음이 음을 나타냄

漢文 한문

漢詩 한시

漢字 한자

漢族 한족

109
한자자격시험 5~8급

海 | 해
바다
획수: **10** 부수: **水**

>>>형성문자

氵 + 每(매)
每의 전음이 음을 나타냄

海東 해동

海流 해류

海岸 해안

海洋 해양

海運 해운

航海 항해

110
한자자격시험 5~8급

活 | 활,괄
살, 물소리
획수: **9** 부수: **水**

>>>형성문자

氵 + 舌(괄)

活氣 활기

活動 활동

活力 활력

活用 활용

活活 괄괄

快活 쾌활

불 **화**

 연화발

타오르는 불을 표현한 글자이다. 火자가 글자의 아래쪽에 사용될 때는 灬의 형태로 바뀌어 쓰이기도 하는데, '연화발'이라고 한다. 火자를 부수로 삼고 있는 한자는 주로 불과 관련 된 현상이나 사물 등과 관계된 뜻을 지닌다.

29
한자자격시험 3~4급

燈 | 등
등잔
획수: **16** 부수: **火**

>>> 형성문자

火 + 登(등)

燈臺 등대
해안, 섬에서 밤에 불을 켜 놓고 뱃길을 알려주는 건물

燈下不明 등하불명
등잔 밑이 어두움
'가까이 있는 것을 도리어 잘 모름'을 이름

燈火可親 등화가친
등불을 가까이할 만함. 등불을 가까이하여 글 읽기에 좋은 계절인 '가을'을 수기하는 말

電燈 전등
전기로 켜는 등불

30
한자자격시험 3~4급

烈 | 렬
매울
획수: **10** 부수: **火**

>>> 형성문자

灬 + 列(렬)

烈士 열사
나라를 위하여 절의를 굳게 지켜 죽은 사람

激烈 격렬

몹시 맹렬함

猛烈 맹렬

기세가 몹시 세참

熱烈 열렬

태도, 행동이 걷잡을 수 없이 세참

忠烈 충렬

충성스럽고 절의가 있음

31
한자자격시험 3~4급

然 | 연

그럴

획수: **12** 부수: **火**

>>> 회의문자

犬[개 견] + 肉[고기 육] + 火
산 제물로서의 개의 고기를 불로 굽다의 뜻
일반적으로 불로 굽다의 뜻을 나타냄

然後 연후

그러한 뒤

自然 자연

❶ 저절로 그렇게 되어 있는 모양
❷ 사람의 힘을 더하지 않은 본디대로의 상태

必然 필연

반드시 그렇게 됨
반드시 그렇게 되는 수밖에 다른 도리가 없음

32
한자자격시험 3~4급

煙 | 연

연기

획수: **13** 부수: **火**

>>> 형성문자

火 + 垔(인)
垔의 전음이 음을 나타냄

煙氣 연기

물건이 탈 때 생기는 기체(氣體)

253

煙幕 연막

적(敵)이 보지 못하게 하기 위하여 피우는 짙은 연기

煙霧 연무

연기와 안개

禁煙 금연

담배를 끊음

喫煙 끽연

담배를 피움

33
한자자격시험 3~4급

熱 | 열
더울
획수: **15** 부수: **火**

>>> 형성문자

灬 + 埶(예)
'埶'는 '然(연)'과 통하여 불로 태우다의 뜻
'火(화)'를 붙여 '뜨겁다의 뜻을 나타냄

熱狂 열광

흥분하여 미친 듯이 날뜀

熱烈 열렬

관심이나 느끼는 정도가 더할 나위 없이 강함

熱辯 열변

불을 뿜는 듯한 웅변

熱愛 열애

열렬히 사랑함

熱情 열정

어떤 일에 열중하는 마음

以熱治熱 이열치열

열로써 열을 다스림
'힘에는 힘으로, 강한 것에는 강한 것으로 상대함'을 이름

국어 실력으로 이어지는 수(秀) 한자: 3-4급 하

34
한자자격시험 3~4급

炎 | 염
불꽃, 불탈
획수: **8** 부수: **火**

>>> 회의문자

火자 두 개를 겹쳐 써서, 불이 활활 타오르는 것을 나타냈다

炎症 염증
세균, 독소 등의 작용으로 붓고 아픈 병

肝炎 간염
간에 생기는 염증

暴炎 폭염
매우 심한 더위

35
한자자격시험 3~4급

營 | 영
경영할
획수: **17** 부수: **火**

>>> 형성문자

宮 + 熒[=燊(영)의 원자]
'熒'은 밤의 진중을 둘러싸고 밝히는 화톳불의 뜻
파생하여 '경영하다'의 뜻을 나타냄

營農 영농
농업을 경영함

營利 영리
재산상의 이익을 얻으려고 활동함

營業 영업
영리를 목적으로 하여 사업을 경영함, 또는 그 사업

經營 경영
이익이 생기도록 사업이나 기업을 운영함

運營 운영
일, 조직 따위를 운용하여 경영함

36
한자자격시험 3~4급

烏 | 오
까마귀
획수: **10** 부수: **火**

>>> 상형문자

새의 모양을 본뜸

烏飛梨落 오비이락

까마귀 날자 배 떨어짐

'일이 공교롭게 같이 일어나 남의 의심을 받게 됨'을 이름

烏鵲 오작

까마귀와 까치

烏合之衆 오합지중

까마귀 떼처럼 모인 무리

규율도 통일도 없이 모여든 무리, 또는 그러한 군대

烏合之卒(오합지졸)

嗚呼 오호

슬퍼 탄식하는 소리

37
한자지격시험 3~4급

災 | 재
재앙
획수: **7** 부수: **火**

>>> 회의문자

巛(천) + 火

巛은 수재(水災)를 뜻하고, 火은 화재(火災)를 뜻한다

災難 재난

뜻밖의 불행한 일

災殃 재앙

천변지이(天變地異)로 말미암은 불행한 일

災害 재해

재앙으로 말미암은 피해

人災 인재

사람의 실수나 과오로 발생하는 재난

天災 천재

자연의 변화로 일어나는 재앙. 태풍, 홍수, 지진 따위

38

한자자격시험 3~4급

照 | 조
비출
획수: **13** 부수: **火**

>>> 회의문자

灬 + 昭[햇빛이 밝음]
불빛이 밝음을 나타냄

照明 조명
비추어 밝힘

落照 낙조
저녁 해

對照 대조
마주 대어 비교해 봄

參照 참조
참고로 대조하여 봄

39

한자자격시험 3~4급

炭 | 탄
숯
획수: **9** 부수: **火**

>>> 형성문자

火 + 屵(안)
屵의 전음이 음을 나타냄

炭鑛 탄광
석탄이 나는 광산

炭素 탄소
비금속 원소의 하나. 석탄, 목탄 등에 들어 있음

石炭 석탄
연료 등으로 쓰이는 가연성 퇴적암

40

한자자격시험 3~4급

爆 | 폭
터질
획수: **19** 부수: **火**

>>> 형성문자

火 + 暴(폭)

爆發 폭발
갑자기 터짐

爆笑 폭소

갑자기 터져 나오는 웃음

爆音 폭음

폭발물이 터지는 소리

爆彈 폭탄

폭약을 터트려 인명이나 구조물을 살상하고 파괴하는 병기

爆破 폭파

폭발시켜 파괴함

41
한자자격시험 5~8급

無 | 무

없을

획수: **12** 부수: **火**

>>> 상형문자

사람이 어떤 물건을 잡고 춤을 추는 모양을 그린 것 뒤에 '없다'라는 뜻으로 가차되었다

無所不爲 무소불위

無用之物 무용지물

無爲徒食 무위도식

無知 무지

有無 유무

42
한자자격시험 5~8급

火 | 화

불

획수: **4** 부수: **火**

>>> 상형문자

火傷 화상

火葬 화장

放火 방화

鎭火 진화

190

白

흰 백

막 떠오르는 해를 표현한 글자이다.
해가 막 떠오를 때에 빛과 관련하여 그 뜻이 '희다'가 된 것으로
여겨진다.

2
한자자격시험 3~4급

皆 | 개
다
획수: **9** 부수: **白**

>>> 회의문자

比[사람이 나란히 줄 섬] + 白[말함]
많은 사람이 입을 모아 찬성함의 뜻

皆勤 개근
일정한 기간 동안 하루도 빠짐없이 출석하거나 출근함

皆兵 개병
모든 국민이 병역의 의무를 지는 일

3
한자자격시험 3~4급

的 | 적
과녁
획수: **8** 부수: **白**

>>> 형성문자

日 + 勺(작)
'勺'는 국자, '日'는 밝은 해의 상형
많은 것 중에서 하나만을 떠올려서 두드러지게 하다의 뜻

的中 적중
❶ 화살이 과녁에 맞음
❷ 예측이 들어맞음

的確 적확
틀림없음. 확실함

公的 공적

공공(公共)에 관한 것

標的 표적

목표로 삼는 물건

白 + 王(왕)

'白'는 빛을 내는 해, '王'는 큰 도끼의 상형

햇빛에 빛나는 큰 도끼 모양에서, '빛나다' → '임금'의 뜻을 나타냄

皇帝 황제

임금. 天子(천자)

皇后 황후

황제의 정실(正室)

教皇 교황

가톨릭교회의 가장 높은 성직자

태양의 끝이 날카로운 모습으로, 태양이 지면에 막 솟아 나왔을 때 그 빛이 눈부시므로 '희다'라는 뜻이 되었다

白骨難忘 백골난망

白眉 백미

白衣 백의

白衣從軍 백의종군

국어 실력으로 이어지는 수(秀) 한자: 3-4급 하

獨白 독백

明白 명백

6

百 | 백

일백

획수: **6** 부수: **白**

>>> 지사문자

白에 한 획을 그어 숫자 100을 표시하였다

百穀 백곡

百發百中 백발백중

百姓 백성

百戰百勝 백전백승

百折不屈 백절불굴

百尺竿頭 백척간두

191

雨

비 우

하늘에서 떨어지는 비를 표현한 글자이다. 아래에 보이는 점들이 빗방울이며, 위에 보이는 선이 하늘을 나타냈다. 雨자 부수에 속하는 한자는 기상의 변화에 의해 일어나는 현상과 관계된 뜻을 지닌다.

7
한자자격시험 3~4급

露 | 로
이슬
획수: **20** 부수: **雨**

>>> 형성문자

雨 + 路(로)

露骨 노골
뼈를 드러냄. 숨기지 않고 있는 그대로 드러냄'을 이름

露宿 노숙
한데서 잠

露天 노천
지붕 같은 것으로 가리지 않은 한데

露出 노출
겉으로 드러냄

吐露 토로
속마음을 다 말함

8
한자자격시험 3~4급

霜 | 상
서리
획수: **17** 부수: **雨**

>>> 형성문자

雨 + 相(상)

霜菊 상국
서리가 내릴 무렵에 피는 국화

秋霜 추상

가을의 찬 서리. '서슬이 퍼런 위엄이나 엄한 형벌'의 비유

9

한자자격시험 3~4급

雪 | 설

눈

획수: **11** 부수: **雨**

>>> 형성문자

雨 + 彗[세 / 크의 원자]

彗의 전음이 음을 나타냄

雪景 설경

눈 경치

雪上加霜 설상가상

눈 위에 서리를 더함. '어려운 일이 연거푸 일어남'을 이름

雪辱 설욕

부끄러움을 씻음

雪原 설원

눈에 뒤덮여 있는 벌판

積雪 적설

쌓인 눈

10

한자자격시험 3~4급

雨 | 우

비

획수: **8** 부수: **雨**

>>> 상형문자

하늘에서 물방울이 떨어지고 있는 모양을 본뜸

雨期 우기

비가 많이 내리는 시기

雨傘 우산

비를 가리는 물건

雨後竹筍 우후죽순

비 온 뒤의 죽순. '어떤 일이 한 때 많이 일어남'의 비유

暴雨 폭우

갑자기 많이 내리는 비

豪雨 호우

짧은 시간에 줄기차게 쏟아지는 비

11
한자자격시험 3~4급

雲 | 운

구름

획수: **12** 부수: **雨**

>>> 상형문자

구름의 모양을 본뜬 云에 雨를 더한 글자

雲霧 운무

구름과 안개

雲集 운집

구름같이 많이 모임

暗雲 암운

❶ 곧 비나 눈을 내릴 듯한 검은 구름
❷ '불길한 일이 금방 일어날 것 같은 낌새'의 비유

12
한자자격시험 5~8급

電 | 전

번개

획수: **13** 부수: **雨**

>>> 상형문자

번개를 본뜬 申에 雨를 더한 것

電光石火 전광석화

電氣 전기

電信 전신

漏電 누전

停電 정전

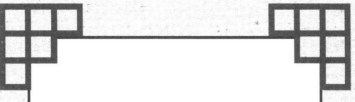

제12장
지형 관련 부수

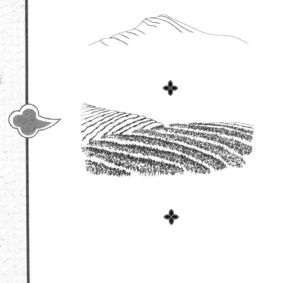

밭 전

경계가 지어진 밭을 표현한 글자이다.
田자를 부수로 삼는 한자는 대체로 농토(農土)와 관련된 뜻을 지닌다.

6
한자자격시험 3~4급

甲 | 갑
갑옷
획수: **5** 부수: **田**

>>> 상형문자

초목의 싹이 껍질을 깨고 돋아나는 모양

甲男乙女 갑남을녀
평범한 보통 사람

甲論乙駁 갑론을박
한 사람이 말하면 다른 사람이 반박함
'서로 논란하고 반박함'을 이름

甲富 갑부
첫째가는 부자

甲時 갑시
이십사시의 여섯째 시. 곧, 상오 4시 30분~ 5시 30분

還甲 환갑
'만60세'를 이르는 말

7
한자자격시험 3~4급

畿 | 기
경기
획수: **15** 부수: **田**

>>> 형성문자

田 + 幾[幾(기)의 생략형]

畿內 기내
도성(都城)에서 사방 5백리 이내의 땅. 임금이 직할하던 땅

京畿 경기

서울을 중심으로 한 가까운 둘레의 지방

畓 | 답

논

획수: **9** 부수: **田**

>>> 회의문자

田 + 水

논은 밭에 물을 대어 만든 것이라는 뜻

田畓 전답

밭과 논

略 | 략

간략할

획수: **11** 부수: **田**

>>> 형성문자

田 + 各(각)

各의 전음이 음을 나타냄

略曆 약력

간략하게 적은 이력

略字 약자

획을 간단히 줄인 한자

計略 계략

수단과 꾀

大略 대략

❶ 큰 계략. 뛰어난 지략

❷ 대체의 **槪略**(개략)

省略 생략

덜어서 빼거나 줄임

侵略 침략

불법적으로 쳐들어가 빼앗음

田 + 卯(류)

留念 유념
마음에 기억하여 둠

留學 유학
외국에 머물며 공부함

保留 보류
미루어 둠

抑留 억류
강제로 붙잡아 둠

殘溜 잔류
남아서 쳐져 있음

滯留 체류
딴 곳에 가서 오래 머물러 있음

10
한자자격시험 3~4급

留 | 류
머무를
획수: **10** 부수: **田**

>>> 형성문자

번개의 모양을 본뜸

申告 신고
국민이 행정 관청에 일정한 사실을 보고하는 일

申聞鼓 신문고
조선 시대에, 백성이 원통한 일을 하소연할 때 치게 했던 북

申請 신청
어떤 일을 해 주거나 물건을 내줄 것을 청구하는 일

11
한자자격시험 3~4급

申 | 신
납, 펼
획수: **5** 부수: **田**

>>> 상형문자

12
한자자격시험 3~4급

由 | 유

말미암을

획수: **5** 부수: 田

>>> 상형문자

바닥이 깊은 술단지의 상형
가차하여 '말미암다'의 뜻을 나타냄

由來 유래

사물의 내력(來歷)

經由 경유

거쳐 지나감

緣由 연유

❶ 일의 까닭
❷ 일이 거기서 비롯됨

自由 자유

구속받지 않고 자기 마음대로 하는 일

13
한자자격시험 3~4급

異 | 이

다를

획수: **11** 부수: 田

>>> 상형문자

사람이 악귀를 쫓을 때 쓰는 탈을 쓰고, 두 손을 들고
있는 모양. 그 탈을 쓰면 다른 사람이 되므로, '다르다'
의 뜻을 나타낸다

異見 이견

남과 다른 의견이나 견해

異口同聲 이구동성

입은 다르나 목소리는 같음
'여러 사람의 말이 한결같음'을 이름

異例 이례

보통의 예(例)에서 벗어나는 일

異性 이성

❶ 성질이 다름, 또는 다른 성질
❷ 남성이 여성을, 여성이 남성을 이르는 말

異議 이의

다른 의견

特異 특이

보통과 아주 다름

14
한자자격시험 3~4급

畫 │ 화, 획

그림, 그을

획수: **12** 부수: **田**

>>> 회의문자

聿 + 田
손에 붓[聿(율)]을 잡고 무언가를 그리고[田] 있는 모습
[참고: 畵는 畫의 속자(俗字)]

畫家 화가

그림 그리는 일을 전문으로 하는 사람

畫龍點睛 화룡점정

용을 그릴 때 마지막에 눈동자를 점 찍음
'가장 요긴한 부분을 마치어 일을 끝냄'을 이름

畫蛇添足 화사첨족

뱀에 다리를 덧붙여 그림. '안 해도 될 일을 덧붙여 하다
도리어 일을 그르침'을 이름. 蛇足(사족)

畫一 획일

한결같이 변함이 없음

計畫 계획

어떤 일을 할 때 미리 생각하여 얽이를 세움

區畫 구획

경계를 갈라 정함, 또는 그 정한 구역

| 15
한자자격시험 5~8급
界 \| 계
지경
획수: **9** 부수: **田**
>>> 형성문자 | 田 + 介(개)
介의 전음이 음을 나타냄

境界 경계

業界 업계

學界 학계

限界 한계 |

| 16
한자자격시험 5~8급
男 \| 남
사내
획수: **7** 부수: **田**
>>> 회의문자 | 田 + 力
'밭[田]'에서 '일하다, 힘을 쓰다[力]'의 뜻

男女 남녀

男妹 남매

男兒 남아

男尊女卑 남존여비

得男 득남 |

| 17
한자자격시험 5~8급
當 \| 당
마땅할, 저당
획수: **13** 부수: **田**
>>> 형성문자 | 田 + 尙(상)
尙의 전음이 음을 나타냄

當局 당국

當選 당선

當爲 당위 |

擔當 담당

應當 응당

典當 전당

18
한자자격시험 5~8급

番 | 번
차례
획수: **12** 부수: **田**

>>> 상형문자

짐승의 발자국의 모양
采는 발가락, 田은 발바닥의 모양
차례의 의미는 음의 차용

番地 번지

不寢番 불침번

輪番 윤번

19
한자자격시험 5~8급

田 | 전
밭
획수: **5** 부수: **田**

>>> 상형문자

田畓 전답

田園 전원

油田 유전

193

穴

구멍 혈

구멍이 난 굴을 표현한 글자이다.
穴자 부수에 속하는 한자는 일반적으로 동굴이나 구멍과 관련된
뜻을 지니고 있다.

6
한자자격시험 3~4급

究 | 구

궁구할
획수: **7** 부수: **穴**

>>> 형성문자

穴 + 九(구)

究明 구명
궁구하여 밝힘

講究 강구
좋은 방법을 연구함

窮究 궁구
속속들이 깊이 연구함

研究 연구
사물을 깊이 생각하고 자세히 조사하여 어떤 이치, 사실
을 밝혀냄

探求 탐구
더듬어 깊이 연구함

| 7 |
| 한자자격시험 3~4급 |
| 窮 \| 궁 |
| 궁할 |
| 획수: **15** 부수: **穴** |
| >>> 형성문자 |

穴 + 躬(궁)

窮極 궁극
어떤 일의 마지막 끝이나 막다른 고비

窮理 궁리
사물의 이치를 연구함

窮餘之策 궁여지책
막다른 상황에서 생각다 못하여 짜낸 계책

困窮 곤궁
가난함

無窮 무궁
끝이 없음

追窮 추궁
끝까지 캐어 따짐

| 8 |
| 한자자격시험 3~4급 |
| 突 \| 돌 |
| 부딪칠 |
| 획수: **9** 부수: **穴** |
| >>> 회의문자 |

穴 + 犬[개]
개가 구멍에서 갑자기 뛰어나옴의 뜻

突發 돌발
일이 뜻밖에 일어남

突變 돌변
갑작스럽게 달라짐

突進 돌진
거침없이 나아감

突破 돌파
곤란, 장애 따위를 헤치고 나아감

국어 실력으로 이어지는 수(秀) 한자: 3-4급 하

激突 격돌

격렬하게 부딪침

衝突 충돌

서로 맞부딪침

穴 + 工(공)

空間 공간

空想 공상

空席 공석

空中 공중

空虛 공허

架空 가공

9
한자자격시험 5~8급

空 | 공

빌

획수: **8** 부수: **穴**

>>> 형성문자

穴 + 悤(총)

悤의 전음이 음을 나타냄

窓口 창구

窓門 창문

同窓 동창

學窓 학창

10
한자자격시험 5~8급

窓 | 창

창

획수: **11** 부수: **穴**

>>> 형성문자

다닐 **행**

사방(四方)으로 트인 사거리를 표현한 글자이다.

4
한자자격시험 3~4급

街 | 가
거리
획수: **12** 부수: **行**

>>> 형성문자

行 + 圭(규)
圭의 전음이 음을 나타냄

街談巷說 가담항설
거리의 뜬소문

街道 가도
곧고 넓은, 큰 도로

街路 가로
도시의 넓은 길

市街 시가
도시의 큰 길거리

5
한자자격시험 3~4급

術 | 술
재주
획수: **11** 부수: **行**

>>> 형성문자

行 + 朮(술)

劍術 검술
칼을 쓰는 무술

技術 기술

어떤 일을 솜씨 있게 해내는 재간

武術 무술

무도(武道)에 관한 기술

藝術 예술

❶ 기예(技藝)와 학술
❷ 미(美)를 창조하고 표현해 내는 인간의 활동

醫術 의술

병을 낫게 하는 기술

6
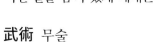
한자자격시험 5~8급

行 | 행, 항
다닐, 항렬
획수: **6** 부수: **行**

>>> 상형문자

잘 정리된 네거리의 상형

行軍 행군

行動擧止 행동거지

行路 행로

行爲 행위

步行 보행

旅行 여행

골 곡

두 산 사이의 골짜기로부터 물이 흘러나오는 모양을 표현한 것이다.

1
한자자격시험 3~4급

谷 | 곡

골

획수: **7** 부수: **谷**

>>> 회의문자

仌 + 口
물줄기[仌]가 계곡의 입구[口]에서 흘러나오는 모습을 그린 것이다

溪谷 계곡

幽谷 유곡

峽谷 협곡

196

 고을 **읍**

 우부방

일정하게 경계 그어진 지역과 꿇어앉아 있는 사람이 어우러진 모습을 표현한 글자이다. 邑자가 글자에 덧붙여질 때는 阝의 형태로 쓰이는데 '우부방'이라 한다.

8
한자자격시험 3~4급

都 | 도
도읍
획수: **12** 부수: **邑**

>>> 형성문자

阝 + 者(자)
者의 전음이 음을 나타냄

都城 도성

❶ 서울
❷ 도읍 둘레에 쌓은 성곽

都邑 도읍

서울

首都 수도

한 나라의 정부가 있는 도시. 서울

遷都 천도

도읍을 옮김

港都 항도

항구 도시

한자자격시험 3~4급

郞 | 랑
사내
획수: **10** 부수: **邑**

>>> 형성문자

阝 + 良(량)

良의 전음이 음을 나타냄

郞君 낭군

젊은 아내가 자기의 남편을 사랑스럽게 일컫는 말

新郞 신랑

곧 결혼할 남자나 갓 결혼한 남자

한자자격시험 3~4급 10

邦 | 방
나라
획수: **7** 부수: **邑**

>>> 형성문자

阝 + 丰(봉)

丰의 전음이 음을 나타냄

萬邦 만방

모든 나라

盟邦 맹방

동맹을 맺은 당사국

聯邦 연방

몇 나라가 연합하여 하나의 주권 국가를 이룬 나라

友邦 우방

가까이 사귀는 나라

合邦 합방

둘 이상의 나라를 한 나라로 합침

한자자격시험 3~4급 11

郵 | 우
우편
획수: **11** 부수: **邑**

>>> 형성문자

阝 + 垂(수)

垂의 전음이 음을 나타냄

郵送 우송

물건이나 편지를 우편으로 보냄

郵遞局 우체국

우편, 전신, 전보 등의 업무를 맡아보는 기관

郵便 우편

편지나 소포 따위를 운송하는 국영사업

郵票 우표

우편물에 붙여 수수료를 낸 증표로 삼는 종이 딱지

사람이 마주 앉아 식사를 하고 있는 모양

鄕愁 향수

고향을 그리워하는 마음이나 시름

鄕土 향토

❶ 시골
❷ 고향

故鄕 고향

❶ 태어나서 자란 고장
❷ 조상 때부터 대대로 살아온 곳

理想鄕 이상향

사람이 상상해 낸 이상적이며 완전한 곳

阝 + 君(군)

郡民 군민

郡守 군수

郡廳 군청

β + 咅(부)

部落 부락

部門 부문

部分 부분

部下 부하

幹部 간부

外部 외부

口 + 巴
'巴(절)'은 앉아 쉬는 사람의 상형
'口(구)'는 일정한 장소의 뜻
사람이 무리지어 쉬는 곳, 즉 '고을'의 뜻을 나타냄

邑內 읍내

都邑 도읍

197

里

마을 리

사람이 농사를 지을 수 있는 땅과 집을 지어 살 수 있는 땅이 어우러져 표현된 글자이다.

1
한자자격시험 3~4급

量 | 량
헤아릴
획수: **12** 부수: **里**

>>> 상형문자

곡물을 넣는 주머니 위에 깔때기를 댄 모양을 본떠, 분량을 세다의 뜻을 나타냄

量刑 양형
형벌(刑罰)의 정도를 헤아려 정함

計量 계량
분량, 무게 등을 잼

度量衡 도량형
자와 되와 저울

分量 분량
무게, 부피, 수효 등의 많고 적음과 크고 작은 정도

裁量 재량
스스로 헤아려 처리함

한자자격시험 5~8급

里 | 리

마을

획수: **7** 부수: **里**

>>> 회의문자

田[밭] + 土

洞里 동리

鄕里 향리

한자자격시험 5~8급

野 | 야

들

획수: **11** 부수: **里**

>>> 형성문자

里 + 予(여)
予의 전음이 음을 나타냄

野黨 야당 / 野蠻 야만

野望 야망 / 野史 야사

野營 야영 / 分野 분야

한자자격시험 5~8급

重 | 중

무거울, 거듭할

획수: **9** 부수: **里**

>>> 형성문자

壬 + 東(동)
'壬(임)'은 사람이 버티고 서 있는 모양,
'東(동)'은 주머니에 넣은 짐의 상형
사람이 짐을 짊어진 모양에서 '무겁다'의 뜻이 됨

重農 중농

重量 중량

重言復言 중언부언

重役 중역

重要 중요

尊重 존중

198

 언덕 **부**　 좌부방

층층이 진 언덕을 표현한 글자이다.
阜자가 글자에 덧붙여 질 때는 阝의 형태로 쓰이는데, 항상 글자
의 왼쪽에만 덧붙여져 '좌부방'이라 한다.

12
한자자격시험 3~4급

階｜계
섬돌
획수: **12** 부수: **阜**

>>> 형성문자

阝 + 皆(개)
皆의 전음이 음을 나타냄

階級 계급
지위, 관직의 등급

階段 계단
층층대

位階 위계
벼슬의 품계

13
한자자격시험 3~4급

隊｜대, 추, 수
떼, 떨어질, 길
획수: **12** 부수: **阜**

>>> 형성문자

阝 + 㒸(수)

隊伍 대오
군대 행렬의 줄

隊形 대형
대(隊)의 형태

軍隊 군대

국가 무장력의 총칭 또는 그 성원

樂隊 악대

여러 가지 악기로 합주하는 단체

編隊 편대

대오나 대형을 갖춤

14
한자격시험 3~4급

陸 | 륙

뭍

획수: **11** 부수: **阜**

>>> 형성문자

阝 + 坴(륙)

陸軍 육군

육지의 전투 및 방어를 맡은 군대

陸上 육상

뭍 위. 육지의 위

陸地 육지

물에 잠기지 않는 지구의 표면. 뭍. 땅

內陸 내륙

바다에서 멀리 떨어진 육지

上陸 상륙

뭍 위로 오름

離陸 이륙

비행기가 날려고 땅에서 떠오름

15 한자자격시험 3~4급

防 | 방
막을
획수: **7** 부수: **阜**

>>> 형성문자

阝 + 方(방)

防犯 방범

범죄를 막음

防備 방비

적의 침략이나 재해 따위를 막기 위한 준비

防禦 방어

적이 공격하여 오는 것을 막음

防衛 방위

적이 쳐들어오는 것을 막아서 지킴

防止 방지

막아서 멎게 함

豫防 예방

탈이 나기 전에 막음

16 한자자격시험 3~4급

院 | 원
집
획수: **10** 부수: **阜**

>>> 형성문자

阝 + 完(완)

完의 전음이 음을 나타냄

開院 개원

❶ 병원, 학원 등이 처음 문을 엶
❷ 국회의 회의를 엶

病院 병원

병의 치료 및 예방 사업을 하는 보건 기관

寺院 사원

절

通院 통원

병원 등에 치료를 받으러 다님

陰 | 음

그늘

획수: **11** 부수: **阜**

>>> 형성문자

阝 + 侌(음)

陰謀 음모

몰래 꾸미는 악한 계략

陰陽 음양

음과 양

곧, 만물을 생성(生成)하는 두 가지 기운

陰地 음지

그늘진 곳

光陰 광음

해와 달. 시간이나 세월

綠陰 녹음

푸른 잎이 우거진 나무의 그늘

障 | 장

막힐

획수: **14** 부수: **阜**

>>> 형성문자

阝 + 章(장)

障壁 장벽

❶ 가리어 막은 벽

❷ '방해가 되는 사물'의 비유

障礙 장애

❶ 거치적거려 방해가 되는 일

❷ 신체상의 고장

障害 장해

막아서 방해함 또는 그런 물건

국어 실력으로 이어지는 수(秀) 한자: 3-4급 하

故障 고장

❶ 기계, 설비 등에 생기는 이상

❷ 몸에 탈이 생기는 일

支障 지장

일을 하는 데 거치적거리는 장애

19
한자자격시험 3~4급

除 | 제

덜

획수: **10** 부수: **阜**

>>> 형성문자

阝 + 余(여)

余의 전음이 음을 나타냄

除去 제거

없앰

除隊 제대

현역 군인이 복무(服務)가 해제됨

除外 제외

따로 빼어 냄

免除 면제

의무(義務)나 책임을 지우지 아니함

解除 해제

풀어 없앰. 없애거나 취소함

20
한자자격시험 3~4급

際 | 제

사이

획수: **14** 부수: **阜**

>>> 형성문자

阝 + 祭(제)

交際 교제

서로 사귐

實際 실제

실지의 경우나 형편

21

한자자격시험 3~4급

陣 | 진

진칠

획수: **10** 부수: **阜**

>>> 형성문자

阝 + 木 + 申(신)
申의 전음이 음을 나타냄

陣頭 진두

❶ 군대의 선두
❷ 일의 맨 앞장

陣地 진지

공격이나 방어를 위한 준비로 구축해 놓은 지역

陣痛 진통

해산(解産)할 때 주기적으로 되풀이되는 복통(腹痛)

背水陣 배수진

강물을 등지고 치는 진법(陣法)

敵陣 적진

적의 진영(陣營)

22

한자자격시험 3~4급

陳 | 진

베풀

획수: **11** 부수: **阜**

>>> 형성문자

阝 + 木 + 申(신)
申의 전음이 음을 나타냄

陳述 진술

자세히 벌여 말함

陳列 진열

물건 따위를 보이기 위하여 죽 벌여 놓음

陳情 진정

사정을 진술함. 사정을 아뢰어 부탁함

開陳 개진

자기의 의견, 생각 등을 말

23
한자자격시험 3~4급

限 | 한
한정
획수: **9** 부수: **阜**

>>> 형성문자

阝 + 艮(간)

艮의 전음이 음을 나타냄

限界 한계
사물의 정해진 범위

限度 한도
일정하게 정한 정도

限定 한정
제한하여 정함

局限 국한
범위를 일부분에 한정함

期限 기한
정해 놓은 일정한 시기

制限 제한
한계나 범위를 정함

24
한자자격시험 3~4급

降 | 강, 항
내릴, 항복할
획수: **9** 부수: **阜**

>>> 형성문자

阝 + 夅(항)

降等 강등
등급이나 계급을 낮춤

降雨 강우
비가 내림. 내린 비

降服 항복
전쟁, 싸움 등에 패배(敗北)하여 굴복함

下降 하강
위에서 아래로 내려옴

291

投降 투항
적에게 항복함

25
한자자격시험 3~4급

險 | 험
험할
획수: **16** 부수: **阜**

>>> 형성문자

阝 + 僉(첨)
僉의 전음이 음을 나타냄

險難 험난
위험하고 어려움

險談 험담
헐뜯어서 하는 말

險路 험로
험한 길. 고생스러운 길

險峻 험준
지세가 험하고 가파름

危險 위험
위태로움

26
한자자격시험 5~8급

陽 | 양
볕
획수: **12** 부수: **阜**

>>> 형성문자

阝 + 昜(양)
'昜'은 해가 떠오르다의 뜻
언덕의 양지의 의미를 나타냄

陽刻 양각

陽氣 양기

陽地 양지

陽 태양

199

멀 **경**

양쪽으로 멀리 펼쳐져 있는 경계를 나타낸 |]와, 그 경계의 끝을 나타낸 ─의 형태가 어우러진 글자이다.

제 12 장 지형 관련 부수

2
한자자격시험 3~4급

再 | 재
두

획수: **6** 부수: **冂**

>>> 상형문자

대바구니 위에 물건을 얹어 놓은 모양
포개놓은 데서 거듭을 뜻함

再嫁 재가
한 번 결혼한 여자가 다시 시집감

再建 재건
다시 일으켜 세움

再考 재고
한번 정한 일을 다시 한번 생각함

再發 재발
병 따위가 다시 나타남

再會 재회
다시 만남

대쪽을 실로 꿰어 놓은 모양을 본뜬 글자

冊封 책봉

왕세자(王世子), 왕세손(王世孫), 후(后), 비(妃), 빈(嬪) 등을 봉작(封爵)함

別冊 별책

따로 엮은 책

分冊 분책

한 권의 책을 여러 권으로 갈라서 제본함

200

凵

입벌릴 감

땅이 푹 꺼져 들어간 구덩이를 표현한 글자이다.

2
한자자격시험 3~4급

凶 | 흉

흉할
획수: **4** 부수: **凵**

>>> 상형문자

凵[함정] + 乄[갈라진 틈]
전하여 나쁨의 뜻

凶器 흉기
사람을 죽이거나 상해하는 데 쓰는 기구

凶年 흉년
농작물(農作物)이 잘되지 않는 해

凶惡 흉악
❶ 성질이 거칠고 사나움
❷ 용모가 험상궂음

凶作 흉작
흉년(凶年)이 들어 잘 안된 농사

吉凶 길흉
좋은 일과 언짢은 일

한자자격시험 5~8급

出 | 출

날

획수: **5** 부수: 凵

>>> 상형문자

풀이 밑에서부터 위로 겹쳐 무성하게 뻗어자라는 모양

出嫁 출가

出納 출납

出仕 출사

出生 출생

出衆 출중

特出 특출

국어 실력으로 이어지는 수(秀) 한자: 3-4급 하

203

□

에울 **위**

일정한 경계를 가지고 에워 두른 지역을 표현한 글자이다.
□자 부수에 속하는 한자는 대개 일정하게 경계를 두르고 있는
모습과 관련된 뜻을 지닌다.

2
한자자격시험 3~4급

固 │ 고

굳을
획수: **8** 부수: □

>>> 형성문자

□ + 古(고)

固辭 고사
굳이 사양함

固守 고수
굳게 지킴

固執 고집
자기의 의견을 굽히지 아니함

堅固 견고
튼튼하고 단단함

頑固 완고
성질이 검질기게 굳고 고집이 셈

確固 확고
확실하고 견고함

木[나무] + 口[우리]
나무가 우리 안에 갇혀서 자라지 못하고 있는 모양
전하여 곤란함의 뜻

困境 곤경

어려운 처지나 경우

困窮 곤궁

가난하고 곤란함

困辱 곤욕

심한 모욕

勞困 노곤

나른하고 고달픔

貧困 빈곤

가난하여 살기 어려움

疲困 피곤

지쳐서 고단함

囗 + 專(전)
專의 전음이 음을 나타냄

團結 단결

많은 사람이 한마음으로 뭉침

團員 단원

단체의 구성원

團長 단장

단(團)의 이름으로 불리는 집단의 우두머리

團體 단체

같은 목적을 가진 사람들끼리 모인 집단

集團 집단

사람, 동물, 물건 등이 많이 모여서 무리를 이룬 상태

5

한자자격시험 3~4급

囚 | 수

가둘

획수: **5** 부수: 口

>>> 회의문자

口 + 人

사람을 한 곳에 가두어 둠의 뜻

囚衣 수의

죄수가 입는 옷

罪囚 죄수

옥에 갇힌 죄인

6

한자자격시험 3~4급

園 | 원

동산

획수: **13** 부수: 口

>>> 형성문자

口 + 袁(원)

園藝 원예

채소, 화초, 과목 따위를 심어 가꾸는 일

公園 공원

공중의 보건, 휴양, 오락을 위하여 만들어 놓은 지역

田園 전원

❶ 논밭과 동산
❷ 시골

庭園 정원

잘 가꾸어 놓은 뜰

學園 학원

'학교와 기타 교육 기관'의 총칭

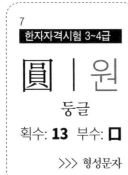

7
한자자격시험 3~4급

圓 | 원
둥글
획수: **13** 부수: 口

>>> 형성문자

口 + 員(원)

圓滿 원만
❶ 인품이나 성격이 너그럽고 결함이 없음
❷ 일의 진행이 순조로움

圓熟 원숙
❶ 무르익음
❷ 충분히 손에 익어 숙련됨

圓形 원형
둥글게 생긴 모양

圓滑 원활
❶ 일이 순조로움
❷ 모나지 않고 부드러움

8
한자자격시험 3~4급

圍 | 위
둘레
획수: **12** 부수: 口

>>> 형성문자

口 + 韋(위)

範圍 범위
❶ 제한된 둘레의 언저리
❷ 어떤 힘이 미치는 한계

包圍 포위
주위를 둘러쌈

9
한자자격시험 3~4급

因 | 인
인할
획수: **6** 부수: 口

>>> 회의문자

口 + 大
口[집] 속에 大[사람]이 있는 모양

因習 인습
이전부터 전하여 내려오는 풍습

因緣 인연

서로의 연분

起因 기인

무슨 일을 일으키는 원인

原因 원인

일의 근본이 되는 까닭

10
한자자격시험 3~4급

回 | 회

돌아올

획수: **6** 부수: 口

>>> 상형문자

연못의 물이 회전하는 모양을 그린 것

回顧 회고

지난 일을 돌이켜 생각함

回復 회복

이전의 상태로 돌아옴

回信 회신

회답하는 편지나 전보

回轉 회전

한 곳을 중심으로 하여 그 둘레를 돎

回避 회피

꺼리어 피함

撤回 철회

일단 낸 것이나 보낸 것을 도로 거두어들임

或[경계를 설정한 토지]이 원래 나라의 뜻이었지만 '혹'의 뜻으로 쓰이면서, 口를 더한 글자가 나라의 의미를 나타내게 되었다

國家 국가 / **國論** 국론

國民 국민 / **國賓** 국빈

國史 국사 / **愛國** 애국

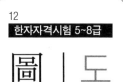

口[나라] + 啚[시골 비]
나라 전체의 지도를 뜻함

圖謀 도모 / **圖書** 도서

圖表 도표 / **構圖** 구도

企圖 기도 / **意圖** 의도

四顧無親 사고무친

四面楚歌 사면초가

四分五裂 사분오열

四書 사서

四肢 사지

四海 사해

204

廴

길게 걸을 **인**

길을 표현한 글자이다.

2
한자자격시험 3~4급

建 | 건
세울

획수: **9** 부수: 廴

>>> 회의문자

廴[廷의 생략자/세우다] + 聿[법률]
조정에서 법을 제정함의 뜻

建國 건국
나라를 세움

建立 건립
건물 등을 만들어 세움

建物 건물
집, 창고 등의 건축물

建築 건축
건물을 만듦

再建 재건
다시 일으켜 세움

創建 창건
처음으로 건설함

3
한자자격시험 3~4급

延 | 연
끝
획수: **7** 부수: **廴**

>>> 회의문자

廴 + 正[바르다]
正(정)은 똑바로 가다, 廴(인)은 '길'의 뜻
길이 똑바로 뻗어 간다는 의미

延期 연기
정한 기한을 물려 미룸

延命 연명
목숨을 겨우 이어 감

延長 연장
일정 기준보다 길이 또는 시간을 늘림

延着 연착
예정보다 늦게 도착함

延滯 연체
금전의 지급이나 납입을 기한이 지나도록 지체함

4
한자자격시험 3~4급

廷 | 정
조정
획수: **7** 부수: **廴**

>>> 형성문자

廴 + 壬(정)

法廷 법정
법관이 재판을 행하는 장소

朝廷 조정
지난날, 나라의 정치를 의논, 집행하던 곳

205

지축거릴 **척**

길을 표현한 글자이다.
彳자 부수에 속하는 한자는 대체로 거리와 관련된 뜻을 지닌다.

9
한자자격시험 3~4급

待 | 대
기다릴
획수: **9** 부수: 彳

>>> 형성문자

彳 + 寺(사)
寺의 전음이 음을 나타냄

對機 대기
준비를 갖추고 행동할 때를 기다림

待令 대령
❶ 명령을 기다림
❷ 미리 갖춰 두고 기다림

期待 기대
희망을 가지고 기다림

冷待 냉대
푸대접함

優待 우대
특별히 잘 대접함

德 | 덕
덕

획수: **15** 부수: 彳

>>> 형성문자

彳 + 悳(덕)

德望 덕망

❶ 덕행으로 얻은 명망
❷ 인품과 명망

德性 덕성

어질고 너그러운 품성

道德 도덕

사람이 마땅히 지켜야 하는 도리(道理) 및 그에 준한 행동

美德 미덕

아름다운 덕성

人德 인덕

사람을 잘 사귀고 여러 사람들에게 도움을 받는 복

徒 | 도
무리

획수: **10** 부수: 彳

>>> 형성문자

彳 + 土(토)
土의 전음이 음을 나타냄

徒步 도보

걸어서 감

暴徒 폭도

난폭한 행동을 하여 치안을 어지럽게 하는 무리

學徒 학도

❶ 학생
❷ 학자나 연구자가 자신을 겸손하게 일컫는 말

彳 + 貝[화폐] + 寸[손]
가서 화폐를 손에 넣음의 뜻

12
한자자격시험 3~4급

得 | 득
얻을
획수: **11** 부수: 彳

>>> 회의문자

得道 득도
도를 깨달음

得勢 득세
세력을 얻음

得失 득실
이익과 손해

納得 납득
남의 말이나 행동을 잘 알아차려 이해함

利得 이득
이익을 얻음 또는 그 이익

自得 자득
스스로 터득함

彳 + 聿(율)

13
한자자격시험 3~4급

律 | 률
법
획수: **9** 부수: 彳

>>> 형성문자

規律 규율
질서나 제도를 유지하기 위하여 정해 놓은 규범

法律 법률
사회를 유지하기 위한 강제적 규범

韻律 운율
시의 음악적인 형식

音律 음률
소나 음악의 가락

自律 자율

자기의 행동을 스스로 절제함

14
한자자격시험 3~4급

復 | 복, 부

회복할, 다시

획수: **12** 부수: 彳

>>> 형성문자

彳 + 复(복)

復舊 복구

본래의 상태로 회복함

復歸 복귀

본래의 상태로 돌아감

復職 복직

그만두었던 일자리로 다시 돌아옴

復活 부활

❶ 죽었다가 다시 살아남

❷ 없어졌던 것이 다시 생김

復興 부흥

어떤 일을 다시 일으킴

回復 회복

이전 상태로 돌이킴

15
한자자격시험 3~4급

役 | 역

부릴

획수: **7** 부수: 彳

>>> 회의문자

彳 + 殳[팔모창]

창을 들고 가서 국경을 지킴의 뜻

役割 역할

특별히 맡은 소임

苦役 고역

고된 일

配役 배역

영화, 연극 등에서 배우(俳優)에게 맡겨진 역할

兵役 병역

군인으로 복무하는 일

賦役 부역

국가가 국민에게 의무적으로 시키는 노역(勞役)

使役 사역

남을 부려 일을 시킴

16

한자자격시험 3~4급

往 | 왕

갈

획수: **8** 부수: 彳

>>> 형성문자

彳 + 㞷(황)
㞷의 전음이 음을 나타냄

往年 왕년

❶ 지나간 해
❷ 옛날

往來 왕래

가고 오고 함

往復 왕복

갔다고 돌아옴

往診 왕진

의사가 환자가 있는 곳으로 가서 진찰하는 일

17

征 | 정

칠

획수: **8** 부수: 彳

>>> 형성문자

彳 + 正(정)

征伐 정벌

군대로써 적군이나 반역도를 치는 일

征服 정복

정벌하여 복종시킴

長征 장정

멀리 감, 또는 멀리 정벌을 떠남

出征 출정

싸움터로 나감

18

從 | 종

좇을, 시중들

획수: **11** 부수: 彳

>>> 회의문자

从[從의 원자] + 彳[길을 감]

從軍 종군

군대를 따라 싸움터로 감

服從 복종

남의 명령, 요구를 그대로 따름

順從 순종

고분고분 따름

侍從 시종

임금을 가까이서 모심, 또는 그 사람

主從 주종

❶ 주인과 종
❷ 주되는 것과 그에 따르는 것

19
한자자격시험 3~4급

彼 | 피
저

획수: **8** 부수: 彳

>>> 형성문자

彳 + 皮(피)

彼岸 피안

저편의 언덕
불교에서, 인간 세계의 저쪽에 있다는 '정토(淨土)'를 이르는 말

彼此 피차

❶ 저것과 이것
❷ 서로

20
한자자격시험 5~8급

後 | 후
뒤

획수: **9** 부수: 彳

>>> 회의문자

彳 + 幺[어림] + 夂[발을 끌고 걸음]
어린 사람처럼 좀 떨어져서 걸음의 뜻

後輩 후배

後援 후원

後進 후진

後退 후퇴

落後 낙후

最後 최후

쉬엄쉬엄 갈 **착**

책받침

길[彳]에 사람의 발[止]이 있음을 표현한 글자이다.
오늘날 辵자는 변화된 형태인 辶으로 흔히 쓰이고 있는데 그 명
칭을 '책받침'이라 한다.

23
한자자격시험 3~4급

過 | 과
지날
획수: **13** 부수: **辵**

>>>형성문자

辶 + 咼(과)

過渡 과도
어떤 단계에서 다른 단계로 옮아가는 도중

過失 과실
잘못

過猶不及 과유불급
지나침은 미치지 못함과 같음

過程 과정
일이 되어가는 경로

改過遷善 개과천선
잘못을 고치어 착하게 됨

經過 경과
❶ 거치거나 지나감
❷ 진행하거나 변화하는 상태

24 한자자격시험 3~4급

達 | 달

통할

획수: **13** 부수: **辶**

>>>형성문자

辶 + 幸(달)

達觀 달관

세속을 벗어난 높은 견식(見識)

눈앞의 이리에 구애되지 않는 경지

達辯 달변

말이 능숙함 또는 능란한 말솜씨

達成 달성

목적한 바를 이룸

達筆 달필

❶ 썩 잘 쓴 글씨

❷ 글이나 글씨를 잘 쓰는 사람

到達 도달

목적한 곳에 다다름

通達 통달

두루 통하여 환히 앎

25 한자자격시험 3~4급

逃 | 도

달아날

획수: **10** 부수: **辶**

>>>형성문자

辶 + 兆(조)

兆의 전음이 음을 나타냄

逃亡 도망

❶ 몰래 피하여 달아남

❷ 쫓겨 달아남

逃避 도피

도망하여 피함

26

한자자격시험 3~4급

連 | 련
이을

획수: **11** 부수: **辶**

>>>회의문자

辶 + 車[수레]

수레가 잇달아 달림을 나타냄

連結 연결

서로 이어서 맺음

連帶 연대

어떤 일을 두 사람 이상이 공동으로 책임지고 맡음

連勝 연승

전쟁이나 경기를 잇달아 이김

連任 연임

임기를 마친 사람이 다시 그 자리에 임용됨

連坐 연좌

남의 범죄에 관련되어 처벌됨

關連 관련

서로 걸리어 얽힘. 서로 관계됨

27

한자자격시험 3~4급

返 | 반
돌이킬

획수: **8** 부수: **辶**

>>>형성문자

辶 + 反(반)

返納 반납

남에게 빌린 것을 도로 돌려줌

返送 반송

도로 돌려보냄

返品 반품

사들인 물품을 도로 돌려보냄, 또는 그러한 물품

返還 반환

받거나 빌린 것을 도로 돌려줌

국어 실력으로 이어지는 수(秀) 한자: 3-4급 하

28
한자자격시험 3~4급

邊 | 변
가
획수: **19** 부수: **辵**

>>>형성문자

辶 + 臱(면)
臱의 전음이 음을 나타냄

江邊 강변

강가

身邊 신변

몸 또는 몸의 주위

底邊 저변

사회적, 경제적으로 기저(基底)를 이루는 계층

29
한자자격시험 3~4급

逢 | 봉
만날
획수: **11** 부수: **辵**

>>>형성문자

辶 + 夆(봉)

逢變 봉변

뜻밖의 변을 당함

逢着 봉착

맞닥뜨림

相逢 상봉

서로 만남

30
한자자격시험 3~4급

選 | 선
가릴
획수: **16** 부수: **辵**

>>>형성문자

辶 + 巽(손)
巽의 전음이 음을 나타냄

選擧 선거

일정한 조직이나 집단에서 그 대표자나 임원을 뽑음

選別 선별

가려서 골라냄

選定 선정

골라서 정함

選擇 선택

골라서 뽑음

選好 선호

여럿 중에서 특별히 가려 좋아함

當選 당선

❶ 선거에 뽑힘
❷ 출품한 물건 따위가 심사에 뽑힘

31
한자자격시험 3~4급

送 | 송

보낼

획수: **10** 부수: **辶**

>>> 회의문자

辶 + 夹[𦮊(잉)]

'𦮊(잉)'은 양손으로 밀어 올린 모양

물건을 바치듯이 보내다의 뜻

送舊迎新 송구영신

묵은해를 보내고 새해를 맞음

送金 송금

돈을 보냄

送別 송별

떠나는 사람을 이별하여 보냄

送還 송환

도로 돌려보냄

放送 방송

라디오나 텔레비전을 통해 보도, 음악, 연극 등을 내보냄

輸送 수송

사람이나 물건 따위를 실어 보냄

국어 실력으로 이어지는 수(秀) 한자: 3-4급 하

32
한자자격시험 3~4급

述 | 술
지을
획수: **9** 부수: **辵**

>>>형성문자

辶 + 朮(술)

述懷 술회
속에 품은 생각을 말함

詳述 상술
상세히 진술함

著述 저술
논문이나 책 등을 씀

陳述 진술
자세히 벌여 말함

33
한자자격시험 3~4급

逆 | 역
거스를
획수: **10** 부수: **辵**

>>>형성문자

辶 + 屰(역)

逆謀 역모
반역을 꾀함 또는 그 일

逆說 역설
언뜻 보면 진리에 어긋나는 것 같으나, 사실은 그 속에 일
종의 진리를 품은 말

逆轉 역전
형세, 순위 따위가 뒤바뀜

逆行 역행
반대 방향으로 나아감

拒逆 거역
윗사람의 뜻이나 명령을 어기어 거스름

34
한자자격시험 3~4급

迎 | 영
맞을
획수: **8** 부수: **辵**

>>>형성문자

辶 + 卬(앙)
卬의 전음이 음을 나타냄

迎賓 영빈
손님을 맞음

迎接 영접
손을 맞아서 접대함

迎合 영합
남의 마음에 들도록 비위를 맞춤

歡迎 환영
기쁜 마음으로 맞음

35
한자자격시험 3~4급

遇 | 우
만날
획수: **13** 부수: **辵**

>>>형성문자

辶 + 禺(우)

待遇 대우
예의를 갖추어 대함

不遇 불우
재능을 가지고도 좋은 때를 만나지 못함

禮遇 예우
예의를 다하여 대접함

36
한자자격시험 3~4급

遊 | 유
놀
획수: **13** 부수: **辵**

>>>형성문자

辶 + 斿(유)

遊牧 유목
일정한 거처 없이 목초를 따라 옮겨 다니며 가축을 치는 일

游說 유세
각처로 다니며 자기나 소속 정당의 주장을 설명, 선전함

국어 실력으로 이어지는 수(秀) 한자: 3-4급 하

遊學 유학

고향을 떠나 다른 고장에서 공부함

遊興 유흥

흥취 있게 놂

遊戲 유희

즐겁게 놂, 또는 놀이

37

한자자격시험 3~4급

遺 | 유

남길

획수: **16** 부수: **辵**

>>>형성문자

辶 + 貴(귀)
'貴'는 물건을 보내다의 뜻
파생하여 '남기다'의 의미를 나타냄

遺憾 유감

마음에 남아 있는 섭섭한 느낌

遺稿 유고

죽은 사람이 남긴 시문(詩文)의 원고

遺棄 유기

돌보지 않고 내버림

遺失 유실

잃어버림

遺言 유언

❶ 죽음에 이르러 남긴 말
❷ 옛 성현이 남긴 말이나 교훈

遺族 유족

죽은 사람의, 뒤에 남아 있는 가족

319

38

한자자격시험 3~4급

逸 | 일
달아날

획수: **12** 부수: **辵**

>>>회의문자

辶 + 兎[토끼]

토끼가 재빠르게 도망침의 뜻

逸脫 일탈

❶ 조직, 규범 등에서 벗어남

❷ 잘못하여 빠뜨림

逸品 일품

썩 뛰어나게 좋은 물건이나 작품

逸話 일화

아직 세상에 널리 알려지지 아니한 이야기

安逸 안일

편안하고 쉬움

40

한자자격시험 3~4급

造 | 조
지을

획수: **11** 부수: **辵**

>>>형성문자

辶 + 告(고)

告의 전음이 음을 나타냄

造景 조경

경관(景觀)을 아름답게 꾸미는 일

造船 조선

배를 만듦

造作 조작

일을 지어내거나 꾸며 냄

造化 조화

인공으로는 어찌할 수 없는 천지자연의 이치

改造 개조

좋아지게 고쳐 만들거나 변화시킴

국어 실력으로 이어지는 수(秀) 한자: 3-4급 하

構造 구조

전체를 이루는 부분들의 배치 관계나 체계

41
한자자격시험 3~4급

進 | 진
나아갈
획수: **12** 부수: **辵**

>>>회의문자

辶 + 隹[새]

새가 앞으로 나아간다는 뜻

進路 진로

앞으로 나아갈 길

進步 진보

차츰차츰 발전하여 나아짐

進展 진전

진행되어 나아감

進退兩難 진퇴양난

나아가기도 어렵고 물러서기도 어려움
'이러기도 저러기도 어려운 매우 난처한 경우'를 이름

昇進 승진

직위가 오름

促進 촉진

재촉하여 빨리 진행하도록 함

42
한자자격시험 3~4급

追 | 추, 퇴
따를, 갈
획수: **10** 부수: **辵**

>>>형성문자

辶 + 𠂤(퇴)

追加 추가

뒤이어 더 보탬

追慕 추모

죽은 이를 사모함

追放 추방

쫓아내거나 몰아냄

追憶 추억

지난 일을 돌이켜 생각함, 또는 그 생각

追從 추종

남에게 빌붙어 따름

追徵 추징

추가하여 징수함

43
한자자격시험 3~4급

退 | 퇴

물러날

획수: **10** 부수: **辵**

>>>회의문자

辶[걸음] + 日 + 夂

태양이 천천히 서녘으로 지는 모양

退步 퇴보

본디 보다 못하게 됨

退職 퇴직

관직이나 직업을 그만두고 물러남

退陣 퇴진

❶ 군사의 진지를 뒤로 물림
❷ 관여하던 직장, 직무에서 물러남

退化 퇴화

진보 이전의 상태로 되돌아감

辭退 사퇴

사양하여 물러남

後退 후퇴

뒤로 물러남

44

한자자격시험 3~4급

避 | 피
피할
획수: **17** 부수: **辶**

>>>형성문자

辶 + 辟(벽)
'辟'은 옆으로 비키다의 뜻

避亂 피란

난리를 피하여 다른 곳으로 옮김

忌避 기피

꺼리어 피함

待避 대피

위험(危險)을 피하여 잠시 기다림

回避 회피

❶ 몸을 피하여 만나지 않음
❷ 책임을 지지 않고 꾀를 부림

45

한자자격시험 5~8급

近 | 근
가까울
획수: **8** 부수: **辶**

>>>형성문자

辶 + 斤(근)

近刊 근간 / **近郊** 근교

近墨者黑 근묵자흑 / **近處** 근처

近況 근황 / **側近** 측근

46

한자자격시험 5~8급

道 | 도
길, 말할
획수: **13** 부수: **辶**

>>>회의문자

辶 + 首[사람의 뜻]
사람이 가는 곳의 의미

道德 도덕 / **道路** 도로

道理 도리 / **道義** 도의

步道 보도

47

한자자격시험 5~8급

辶 + 束(속)

速 | 속

빠를

획수: **11** 부수: **辶**

>>> 형성문자

速斷 속단 / **速讀** 속독

速報 속보 / **速成** 속성

速戰速決 속전속결 / **急速** 급속

48

한자자격시험 5~8급

辶 + 軍(군)
軍의 전음이 음을 나타냄

運 | 운

옮길

획수: **13** 부수: **辶**

>>> 형성문자

運命 운명 / **運搬** 운반

運身 운신 / **運河** 운하

幸運 행운

49

한자자격시험 5~8급

辶 + 袁(원)

遠 | 원

멀

획수: **14** 부수: **辶**

>>> 형성문자

遠大 원대 / **遠征** 원정

疎遠 소원 / **深遠** 심원

永遠 영원

50

한자자격시험 5~8급

辶 + 甬(용)

通 | 통

통할

획수: **11** 부수: **辶**

>>> 형성문자

通過 통과 / **通達** 통달

通商 통상 / **通譯** 통역

通風 통풍 / **貫通** 관통

국어 실력으로 이어지는 수(秀) 한자: 3-4급 하

제13장
숫자와
필획 관련 부수

＋

＋

207

一

한 **일**

반듯하게 그어진 선 하나를 표현한 글자이다.

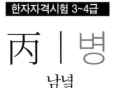

2
한자자격시험 3~4급

丙 | 병

남녘

획수: **5** 부수: 一

>>> 상형문자

책상의 모양

丙時 병시

이십사시의 열두째 시

곧, 상오 10시 30분 ~ 11시 30분

3
한자자격시험 3~4급

丈 | 장

어른

획수: **3** 부수: 一

>>> 상형문자

긴 막대기를 손에 든 모양을 본뜸

丈夫 장부

다 자란 씩씩한 남자

丈人 장인

아내의 아버지

春府丈 춘부장

남의 아버지에 대한 존칭

긴 막대기를 손에 든 모양을 본뜸

4
한자자격시험 3~4급

丁 | 정
넷째천간
획수: **2** 부수: **一**
>>> 상형문자

丁男 정남
나이가 젊고 기운이 좋은 남자

丁寧 정녕
틀림없이

丁時 정시
이십사시의 열넷째 시
곧, 하오 12시 30분 ~ 1시 30분

壯丁 장정
성년(成年)에 이른 혈기 왕성한 남자

받침 위에 신(神)에게 바칠 희생을 겹쳐 쌓은 모양

5
한자자격시험 3~4급

且 | 차
또
획수: **5** 부수: **一**
>>> 상형문자

且置 차치
문제로 삼아 따지지 아니하고 우선 내버려 둠

苟且 구차
❶ 떳떳하지 못하고 구구함
❷ 매우 가난함

重且大 중차대
중요하고도 큼

6
한자자격시험 3~4급

丑 | 축
둘째지지
획수: **4** 부수: **一**
>>> 지사문자

又[손]으로 물건을 나타내는 ㅣ을 뜨다의 의미

丑時 축시
십이시의 둘째 시. 곧, 오전 1시 ~ 3시

327

한자자격시험 5~8급

不 | 불,부
아닐
획수: **4** 부수: **一**

>>> 지사문자

새가 하늘을 향하여 올라가는 모양

不可 불가 / **不可分** 불가분

不可思議 불가사의 / **不可抗力** 불가항력

不立文字 불립문자 / **不問可知** 불문가지

不世出 불세출 / **不夜城** 불야성

不撓不屈 불요불굴 / **不惑** 불혹

不當 부당 / **不知不識間** 부지불식간

不振 부진

8

한자자격시험 5~8급

三 | 삼
석
획수: **3** 부수: **一**

>>> 지사문자

一을 셋 포개어 3을 나타냄

三顧草廬 삼고초려 / **三權** 삼권

三昧境 삼매경 / **三伏** 삼복

三三五五 삼삼오오 / **三寒四溫** 삼한사온

再三 재삼

9

한자자격시험 5~8급

上 | 상
위, 오를
획수: **3** 부수: **一**

>>> 지사문자

횡선을 글어 그 위에 표지를 하여 위쪽을 나타냄

上古 상고 / **上疏** 상소

上旬 상순 / **上昇** 상승

上下 상하 / **浮上** 부상

328

국어 실력으로 이어지는 수(秀) 한자: 3-4급 하

본래 '十'을 세 개 합쳐서 '30, 30년, 오랜 시간'의 뜻을 나타내며, 전하여 '세상'의 뜻도 나타냄

世紀 세기 / **世代** 세대

世子 세자 / **世態** 세태

末世 말세 / **處世** 처세

10	
한자자격시험 5~8급	
世 | 세	
대	
획수: **5** 부수: **一**	
>>> 회의문자	

가로획 하나로 '하나'의 뜻을 나타냄

一家 일가 / **一刻** 일각

一擧手一投足 일거수일투족

一擧兩得 일거양득 / **一貫** 일관

一刀兩斷 일도양단 / **一等** 일등

一網打盡 일망타진 / **一掃** 일소

一日三省 일일삼성 / **一波萬波** 일파만파

一片丹心 일편단심 / **一攫千金** 일확천금

唯一 유일

十의 끝 획을 구부려서 나타낸 것

七顚八起 칠전팔기

七顚八倒 칠전팔도

제13장 숫자와 필획 관련 부수

13
한자자격시험 5~8급

下 | 하

아래

획수: **3** 부수: **一**

>>> 지사문자

일정한 위치를 나타내는 가로획보다 아래임을 뜻함

下降 하강

下落 하락

下馬評 하마평

下旬 하순

下學上達 하학상달

落下 낙하

국어 실력으로 이어지는 수(秀) 한자: 3-4급 하

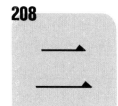

208

두 이

가로로 된 선 두 개로 2를 표현한 글자이다.

2
한자자격시험 3~4급

亞 | 아
버금
획수: **8** 부수: **二**

>>> 상형문자

고대의 주거(住居)의 모양

亞流 아류

으뜸가는 사람을 붙좇아 흉내 닐 뿐 독창성이 없는 것, 또는 그러한 사람

亞聖 아성

성인(聖人) 다음가는 현인(賢人)
공자(孔子)에 대하여 안자(顏子)와 맹자(孟子)를 이름

東亞 동아

동아시아

3
한자자격시험 3~4급

于 | 우
어조사
획수: **3** 부수: **二**

>>> 지사문자

호흡이 자유롭지 못해 자라지 못하는 모양

于歸 우귀

시집감

4

한자자격시험 3~4급

云 | 운
이를

획수: **4** 부수: **二**

>>> 상형문자

구름이 하늘로 솟아오르는 모양
'이르다'의 뜻으로 쓰이는 것은 음의 차용

云謂 운위

일러 말함 또는 평함

5

한자자격시험 3~4급

井 | 정
우물

획수: **4** 부수: **二**

>>> 상형문자

우물의 난간을 나타냄

井中觀天 정중관천

우물 안에서 하늘을 봄
'견문이 좁음'의 비유

市井 시정

인가가 많이 모인 곳

油井 유정

천연 석유를 찾아 뽑아 올리기 위하여 판 우물

6

한자자격시험 5~8급

五 | 오
다섯

획수: **4** 부수: **二**

>>> 지사문자

'二'는 천지(天地), 'ㄨ'는 교차를 나타내어 천지간에 번
갈아 작용하는 다섯 원소의 뜻

五感 오감

五穀 오곡

五里霧中 오리무중

五行 오행

한자자격시험 5~8급

二 | 이

두

획수: **2** 부수: **二**

>>> 지사문자

가로획 둘로 '2'를 나타냈다

二毛作 이모작

二律背反 이율배반

二重 이중

唯一無二 유일무이

제13장 숫자와 필획 관련 부수

209

여덟 **팔**

무언가 둘로 나눠진 모습을 표현한 글자이다.

2
한자자격시험 3~4급

兼 | 겸

겸할

획수: **10** 부수: **八**

>>> 회의문자

두 줄기의 벼[禾]를 쥐고 있는 모양
아울러 가짐을 의미함

兼備 겸비
아울러 갖춤

兼業 겸업
본업 이외에 다른 업종을 겸하여 가짐

兼任 겸임
한 사람이 두 가지 이상의 임무를 겸함

3
한자자격시험 3~4급

公 | 공

공변될

획수: **4** 부수: **八**

>>> 회의문자

厶[나] + 八[배반]
사심을 떨쳐 버리는 뜻

公共 공공
일반 사회의 공중(公衆)에 다 같이 관계되는 것

公益 공익
사회 공중의 이익

公正 공정

공평하고 올바름

公職 공직

관청이나 단체의 직무

公平 공평

어느 한쪽에 치우치지 않고 공정함

4

한자자격시험 3~4급

具 | 구

갖출

획수: **8** 부수: **八**

>>> 형성문자

目[=貝] + 廾(공)

'貝'는 조개, '廾'는 양손으로 바치다의 뜻

'갖추다'의 뜻을 나타냄

具備 구비

빠짐없이 갖춤

具現 구현

어떤 사실을 구체적인 모양으로 나타냄

器具 기구

'세간, 도구' 등의 총칭

道具 도구

어떤 일을 할 때에 쓰이는 연장

5

한자자격시험 3~4급

其 | 기

그

획수: **8** 부수: **八**

>>> 상형문자

곡식을 까부는 키의 상형

가차하여, '그'의 뜻으로 쓰임

其他 기타

그것 외에 또 다른 것

廾 + 斤
두 손[廾]으로 도끼[斤]를 잡고 있는 모습
'무기'의 뜻을 나타낸다

兵器 병기
전쟁에 쓰는 기구(器具)의 총칭

兵法 병법
군사 작전의 방법

兵役 병역
병사가 되어 군에 복무함

兵卒 병졸
군대에서 복무하는 군인

出兵 출병
군사를 싸움터로 내보냄

册 + 廾
책[册]을 두 손[廾]으로 받들고 있는 모습으로 중요한
책을 뜻한다

典範 전범
범이 될 만한 모범

典型 전형
같은 부류의 사물에서 본보기로 삼을 만한 사물

古典 고전
❶ 옛날의 의식이나 법식
❷ 옛날의 서적으로 후세에 남을 만한 가치가 있는 책

辭典 사전

단어를 모아서 일정한 순서로 배열하고 뜻, 용법 등을 해설한 책

祭典 제전

❶ 제사의 의식
❷ 문화, 예술, 체육 등에 관한 대규모 행사

卅 + 廾
두 손[卅]으로 물건[廾]을 받들고 있는 모습

共感 공감

共同 공동

共犯 공범

共有 공유

共存 공존

共通 공통

집의 모양을 본뜸. 전하여 '여섯'의 뜻으로 쓰임

六法 육법

六腑 육부

六藝 육예

나누어 갈라진 모양을 본떠서, '나누다'의 뜻을 나타낸다. 뒤에 가차하여 '8'의 뜻이 되었다

八等身 팔등신

八方美人 팔방미인

八字 팔자

국어 실력으로 이어지는 수(秀) 한자: 3-4급 하

열 **십**

바늘을 본뜬 글자.
'針(침)'의 원자(原字)인데 가차하여 수의 열의 뜻으로 쓰인다.

3
한자자격시험 3~4급

博 | 박

넓을
획수: **12** 부수: **十**

>>> 회의문자

十[많음] ＋ **尃**[미침]
널리 미쳐 통함의 뜻

博士 박사
❶ 석사(碩士) 위의 학위 또는 그 학위를 가진 사람
❷ 널리 아는 것이 많거나 어느 부분에 능통한 사람

博識 박식
보고 들은 것이 넓어서 아는 것이 많음

博愛 박애
모든 것을 널리 평등하게 사랑함

博學多識 박학다식
널리 배워서 아는 것이 많음

賭博 도박
노름

4

한자자격시험 3~4급

卒 | 졸
군사, 마칠
획수: **8** 부수: **十**

>>> 회의문자

衣[옷] + 十
병사가 입는 옷의 뜻

卒倒 졸도

갑자기 정신을 잃고 쓰러짐

卒兵 졸병

지위가 낮은 군사

卒業 졸업

학생이 규정된 교과나 학과의 과정을 마침

5

한자자격시험 3~4급

卓 | 탁
높을
획수: **8** 부수: **十**

>>> 회의문자

匕 + 早
'匕(비)'는 '사람', '早(조)'는 '새벽녘'의 뜻
사람이 동틀 녘의 태양보다 높은 모양에서 '높다'의 의미

卓見 탁견

뛰어난 의견이나 식견

卓越 탁월

남보다 훨씬 뛰어남

卓子 탁자

서랍이 없이 책상 모양으로 만든, 물건을 올려놓게 된 세간

6

한자자격시험 3~4급

協 | 협
화할
획수: **8** 부수: **十**

>>> 형성문자

圓卓 원탁

둥근 탁자

十 + 劦(협)

協同 협동

힘과 마음을 함께 합함

국어 실력으로 이어지는 수(秀) 한자: 3-4급 하

協力 협력

힘을 합하여 서로 도움

協助 협조

남의 일을 거들어 줌

協奏 협주

두 개 이상의 악기로써 동시에 연주하는 일

妥協 타협

두 편이 서로 좋도록 절충(折衷)하여 협의함

7

한자자격시험 5~8급

南 | 남

남녘

획수: **9** 부수: **十**

>>> 상형문자

본래 질그릇으로 만든 악기를 그린 것이었으나, 가차하여 남쪽방향의 뜻이 되었다

南柯一夢 남가일몽

南男北女 남남북녀

南道 남도

南蠻 남만

8

한자자격시험 5~8급

半 | 반

반

획수: **5** 부수: **十**

>>> 회의문자

八 + 牛[소]

소를 둘로 가른다는 뜻. 전하여 나눈 반쪽을 의미함

半減 반감

半島 반도

半信半疑 반신반의

半身不隨 반신불수

折半 절반

殆半 태반

十年減壽 십년감수

十年知己 십년지기

十匙一飯 십시일반

十人十色 십인십색

十中八九 십중팔구

절굿공이 모양을 본뜸

午時 오시

午餐 오찬

正午 정오

11
한자자격시험 5~8급

千 | 천

일천

획수: **3** 부수: **十**

>>> 회의문자

十 + 一

많은 사람의 뜻

千里眼 천리안

千辛萬苦 천신만고

千載一遇 천재일우

千差萬別 천차만별

千秋 천추

千態萬象 천태만상

千篇一律 천편일률

뚫을 **곤**

위에서 아래로 뚫는 모습을 반듯하게 세워진 선으로 표현한 글자이다.

中 | 중

가운데, 맞을

획수: **4** 부수: **ㅣ**

>>> 지사문자

사물의 한가운데를 상하로 통하는 세로금으로 중심, 중앙을 뜻함

中間 중간

中斷 중단

中立 중립

中心 중심

中央 중앙

胸中 흉중

불똥 주

등잔이 탈 때에 일어나는 불꽃을 표현한 글자이다.

1
한자자격시험 3~4급

丹 | 단
붉을
획수: **4** 부수: 丶

>>> 상형문자

단사(丹砂)를 채굴하는 우물을 본뜬 것

丹砂 단사
붉은빛이 나는 광물. 약재로 쓰임

丹脣皓齒 단순호치
붉은 입술과 하얀 이. '여자의 아름다운 얼굴'을 이름

丹粧 단장
머리, 옷차림 따위를 아름답게 꾸밈

仙丹 선단
먹으면 장생불사(長生不死)의 신선이 된다고 하는 영약(靈藥)

2
한자자격시험 3~4급

丸 | 환
알
획수: **3** 부수: 丶

>>> 회의문자

乙 + 匕
'乙(을)'은 양 끝에 날이 있는 조각칼. '匕(비)'는 비수
날붙이로 둥글린 둥근 알의 뜻

丸藥 환약
알약

彈丸 탄환

총탄, 포탄 따위의 총칭

砲丸 포환

대포의 탄알

3
한자자격시험 5~8급

主 | 주

주인

획수: **5** 부수: 丶

>>> 상형문자

본래 촛대 위의 불꽃을 그린 것 뒤에 '주인'이라는 뜻으로 가차됨

主觀 주관

主流 주류

主上 주상

主人 주인

主從 주종

主體 주체

국어 실력으로 이어지는 수(秀) 한자: 3-4급 하

213

ノ 삐칠 **별**

오른 쪽 위에서 왼쪽 아래로 삐쳐 내린 모습을 표현한 글자이다.

2
한자자격시험 3~4급

久│구
오랠
획수: **3** 부수: **ノ**

>>> 지사문자

人 + 乀
사람을 뒤로부터 잡고 오랫동안 놓지 않는 모양
전하여, 시간의 경과를 뜻함

耐久 내구
오래 견딤

永久 영구
길고 오램

悠久 유구
아득히 오램

長久 장구
매우 길고 오램

持久 지구
오래 버티어 견딤

恒久 항구
변함없이 오래감

모태 내에서 몸을 구부린 태아를 본뜬 모양

乃 | 내

이에

획수: **2** 부수: 丿

>>> 상형문자

乃至 내지

얼마에서 얼마까지

人乃天 인내천

천도교의 종지(宗旨)로 '사람이 곧 하늘'이라는 뜻

사람이 나무에 오른 모양

乘 | 승

탈, 수레

획수: **10** 부수: 丿

>>> 회의문자

乘船 승선

배를 탐

乘勢 승세

유리한 형세나 기회를 탐

乘勝長驅 승승장구

이긴 기세를 타고 계속하여 적을 몰아침

乘車 승차

차를 탐

試乘 시승

시험 삼아 타 봄

便乘 편승

기회를 틈타, 세력을 이용하여 이익을 얻음

대지(大地)에서 풀이 자라는 모양

人之常情 인지상정

사람이면 누구나 가지는 보통의 생각

5	
한자자격시험 3~4급	
之 | 지	
갈	
획수: **4** 부수: **丿**	
>>> 상형문자	

斷乎 단호

결심이나 태도가 딱 끊은 듯이 매우 확고함

6	
한자자격시험 3~4급	
乎 | 호	
어조사	
획수: **5** 부수: **丿**	
>>> 상형문자	

갈고리 **궐**

위에서 아래로 그어 내린 다음 끝에서 왼쪽으로 삐쳐 올려서 갈고리를 그린 것이다.

2
한자자격시험 3~4급

了 | 료

마칠
획수: **2** 부수: **亅**

>>> 상형문자

두 손이 없는 아이의 모양

修了 수료
일정한 학업이나 과정을 마침

完了 완료
완전히 끝마침

終了 종료
일을 마침

3
한자자격시험 5~8급

事 | 사

일
획수: **8** 부수: **亅**

>>> 상형문자

신(神)에 대한 기원(祈願)의 말을 써서 나뭇가지 따위에 맨 팻말을 본뜸
제사(祭祀)에 종사하는 사람의 모양에서 '일', '섬기다'의 뜻을 나타냄

事件 사건 / **事君以忠** 사군이충 / **事例** 사례

事理 사리 / **事情** 사정 / **事親以孝** 사친이효

事態 사태 / **事必歸正** 사필귀정